Casamento, filhos e herança: fundamentos e fronteiras

Principais tópicos discutidos no direito de família brasileiro

Rose Glace Girardi

Literare Books
INTERNATIONAL
BRASIL · EUROPA · USA · JAPÃO

Presidente do conselho:
Mauricio Sita

Presidente:
Alessandra Ksenhuck

Vice-presidentes:
Claudia Pires e Julyana Rosa

Diretora de projetos:
Gleide Santos

Consultora de projetos:
Bruna Barboza

Capa:
Gabriel Uchima

Imagens:
Freepik

Projeto gráfico e diagramação:
Alexandre Alves

Revisão:
Margot Cardoso

Impressão:
Gráfica Paym

Dados Internacionais de Catalogação na Publicação (CIP)
(eDOC BRASIL, Belo Horizonte/MG)

Girardi, Rose Glace.
G518c Casamento, filhos e herança: fundamentos e fronteiras / Rose Glace Girardi . – São Paulo, SP: Literare Books International, 2024.
162 p. : foto. ; 14 x 21 cm

Inclui bibliografia
ISBN 978-65-5922-860-7

1. Direito de família – Brasil. 2. Herança e sucessão. I. Título.
CDD 346.81015

Elaborado por Maurício Amormino Júnior – CRB6/2422

Literare Books International.
Alameda dos Guatás, 102 – Saúde– São Paulo, SP.
CEP 04053-040
Fone: +55 (0**11) 2659-0968
site: www.literarebooks.com.br
e-mail: literare@literarebooks.com.br

FSC www.fsc.org
MISTO
Papel produzido a partir de fontes responsáveis
FSC® C133282

Sumário

1. Contrato de namoro. Para que serve? 7
2. Regime e partilha de bens. Entenda como é feito 11
3. O reconhecimento da paternidade e suas consequências jurídicas 17
4. Aumento, redução ou exoneração de pensão alimentícia. Quando posso requerer?............................ 23
5. Desemprego e pagamento de pensão alimentícia, e agora?. 29
6. Alienação parental. Prática inaceitável pelo poder judiciário e pelo estatuto de proteção à criança e ao adolescente.. 35
7. Abandono afetivo dos filhos. Entenda as consequências trazidas por esse fato 41
8. Testamento. O que é necessário saber antes de fazê-lo..... 47
9. A importância do inventário e as consequências de não fazê-lo 53
10. Imóvel ocupado por herdeiro. Como fazer para desocupá-lo, quando este é objeto de partilha em inventário 59
11. Regime de separação total de bens e os efeitos no Direito Sucessório.. 65
12. Previdência privada e divórcio no regime de comunhão parcial de bens. Como fica a partilha dos bens? 71

13. Indignidade e deserdação. Conheça as causas que poderão excluir os herdeiros no direito sucessório 77
14. Interdição. O que é necessário saber antes de ajuizar uma ação de interdição? 83
15. Planejamento patrimonial e sucessório. Conheça as ferramentas de proteção patrimonial que poderão evitar conflitos futuros 89
16. Testamento vital ou DAV (Diretivas Antecipadas de Vontade), você sabe o que é? 99
17. Herança digital: principais aspectos no direito sucessório . 105
18. Extinção de condomínio. Você sabe o que é? 115
19. Responsabilidade dos herdeiros no pagamento das dívidas da herança.. 121
20. Direito real de habitação do cônjuge sobrevivente. Normas de proteção jurídica que asseguram a moradia vitalícia ao cônjuge sobrevivente ao imóvel familiar 127
21. Usucapião por abandono de lar: você já ouviu falar desta modalidade de usucapião?........................... 131
22. Pagamento de pensão alimentícia ao ex-cônjuge. Até quando se verifica a sua obrigatoriedade? 137
23. Violência patrimonial: caso atriz Larissa Manoela........ 143
24. Pensão por morte entre a viúva e a ex-cônjuge do falecido. Será que a viúva é obrigada a dividir a pensão por morte com a ex-cônjuge ou companheira do falecido segurado do INSS?... 147
25. Divórcio e violência doméstica: Lei Maria da Penha. Caminhos legais e jurídicos para pleitear o divórcio sendo vítima de violência doméstica 153

Agradecimentos

Conforme preceitua o livro de Eclesiastes, capítulo 3, versículo 1, escrito pelo rei Salomão, tudo tem o seu tempo determinado, e há tempo para todo o propósito debaixo do céu, e assim são os propósitos de Deus sobre a minha vida.

Quero dedicar este livro ao autor da minha vida e história, primeiramente a ele, ao dono do universo, El Shaday, Elohim, Adonai, Deus poderoso, criador, meu senhor, pai, rei da glória e senhor Jesus Cristo. Também quero dedicar este livro ao meu pai *in memoriam* Manoel Barbosa dos Santos, que não teve tempo de presenciar a conclusão da minha formatura na faculdade de Direito, bem como não chegou a ter a alegria de ver a filha e única advogada na família, o que lhe traria um orgulho imenso se estivesse presente entre nós. É com lágrimas nos olhos que eu dedico, com muito amor e carinho, a publicação do meu primeiro livro jurídico ao meu querido pai, que me fez conhecer o meu grandioso senhor Jesus Cristo. Sou grata aos valores, humildade, simplicidade, amor ao próximo e compaixão que herdei desse grande homem.

Certamente também agradeço a Deus às pessoas maravilhosas que fizeram e fazem parte da minha vida e que contribuíram com a minha história e com o meu amor ao direito e a ensinar o direito às pessoas. Agradeço a todos que contribuíram com o meu crescimento profissional, emocional, espiritual e pessoal.

> Ele muda os tempos e as horas: ele remove reis e estabelece reis; ele dá sabedoria aos sábios e ciência aos inteligentes. Ele revela o profundo e o escondido e conhece o que está em trevas, e com ele mora a luz.
>
> Daniel 2:21-22.

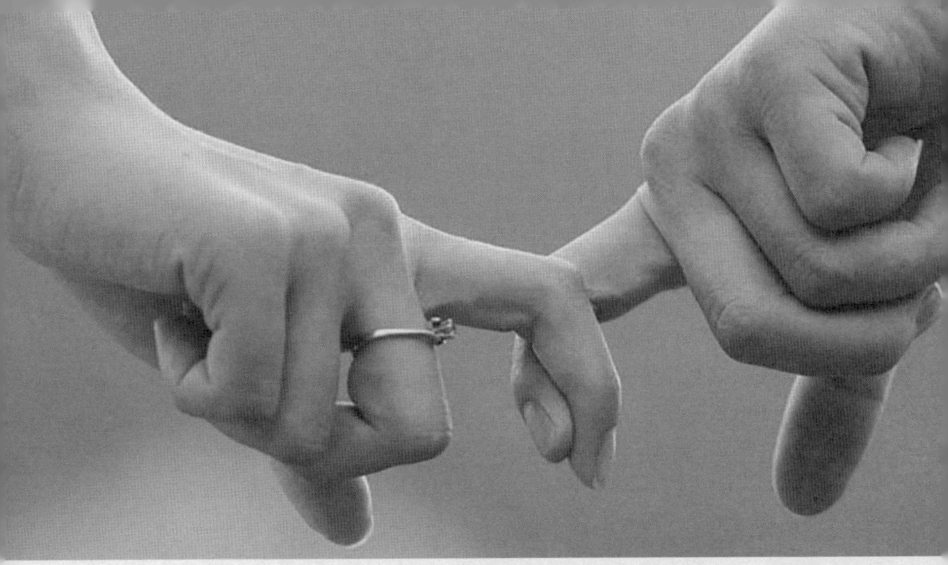

CAPÍTULO 1

Contrato de namoro. Para que serve?

Namoro não tem definição jurídica, diferentemente da união estável e do casamento. Namoro é uma presunção de lealdade e fidelidade entre ambas as partes, é uma relação de afetividade entre duas pessoas.

Quando há dependência financeira contínua entre ambas as partes, o relacionamento está atrelado a uma relação de união estável, que reclama a conjugação de alguns **elementos subjetivos**, quais sejam: *animus* de constituir família e relacionamento afetivo recíproco, bem como **elementos objetivos**, como a convivência contínua, pública e duradoura.

Em uma relação de namoro, não quer dizer que não possa haver uma entrega de presentes, pois namorados se presenteiam constantemente. Portanto, deve-se consignar que a diferenciação entre namoro e união estável é fundamental, pois relações meramente afetivas não geram efeitos patrimoniais e assistenciais.

Com a caracterização da união estável, os companheiros possuem deveres e direitos, como lealdade, respeito, assistência, guarda, sustento e educação dos filhos. Além disso, no aspecto patrimonial, praticamente, iguala-se a união estável ao casamento, por sujeitar-se, no que couber, ao regime da comunhão parcial de bens. Analogamente, o direito a alimentos entre companheiros obedece aos critérios previstos para parentes e cônjuges, fixando-se de acordo com as necessidades do alimentado e as possibilidades do alimentante.

Importante ressaltar que, quando há uma dependência financeira entre ambas as partes, assim como o pagamento de contas específicas continuamente, ou uma ajuda financeira mensal, ou mesmo a garantia como fiador de uma determinada locação imobiliária, há grandes indícios de um comprometimento maior, ou mesmo a presunção de uma relação de união estável.

O contrato de namoro poderá ser necessário quando alguma das partes, no âmbito da relação de namoro, entende que futuramente aquele relacionamento afetivo poderá ser confundido com uma união estável, ou mesmo quando a sociedade vê o relacionamento de ambos, propensos a viverem em união estável ou em um possível casamento, devendo esta se precaver, por intermédio do contrato de namoro, a resguardar os seus bens e proteger o seu patrimônio, sob pena de seu relacionamento ser confundido com uma união estável e, consequentemente, o regime de comunhão parcial de bens e sua partilha.

CAPÍTULO 2

Regime e partilha de bens. Entenda como é feito.

O regime de bens é o conjunto de normas que serão aplicadas ao interesse matrimonial resultante da formação da família, ligados às questões que envolvam a disponibilidade de bens e interesses econômicos.

O código civil optou por disciplinar os seguintes modelos de regimes matrimoniais de bens, quais sejam: **comunhão parcial, comunhão universal, participação final nos aquestos e separação total de bens** e **separação obrigatória de bens**, sendo que, na falta de pacto antenupcial, prevalece o regime da comunhão parcial, escolhido como oficial.

A existência de um regime de bens no casamento, com regras bem definidas, é do interesse dos cônjuges, de seus herdeiros e ainda de terceiros que pretendam estabelecer vínculos obrigacionais; e que, para tanto, precisam saber a extensão de suas garantias, a qual justificará a liberdade de escolha e a possibilidade de mutabilidade justificada.

Já o pacto antenupcial, que é o contrato feito entre os noivos, por meio de escritura pública, com o propósito de estabelecer o regime de bens, visa a favorecer os interesses concretos dos nubentes (noivos), com o primordial propósito de afastar o **regime legal da comunhão parcial de bens**, no casamento, assim como na união estável.

No silêncio dos noivos, ou conviventes, prevalece o regime de comunhão parcial de bens, assim como em caso de nulidade do pacto antenupcial será o da comunhão parcial.

Comunhão parcial de bens: a data do casamento constitui o grande divisor patrimonial. Os bens pertencentes a cada um dos noivos, antes daquela data, não se comunicam, ou seja, não fazem parte do acervo patrimonial os bens que cada um já tinha antes de se casar, assim como os bens particulares pertencentes a cada um, também aqueles bens recebidos por apenas um dos cônjuges por meio de herança e doação, e os sub-rogados em seu lugar; os bens adquiridos com valores exclusivamente pertencentes a um dos cônjuges em sub-rogação dos bens particulares.

No regime de comunhão parcial de bens, somente os bens adquiridos a partir da celebração do casamento se comunicam, ou seja, pertencem a ambas as partes e será partilhado em duas partes.

Comunhão universal de bens: todos os bens irão se comunicar após o casamento, passados e futuros, pertencentes a ambas as partes, assim como as dívidas anteriores ao casamento. Somente não se comunicam os bens excluídos por lei ou por convenção das partes, por intermédio de pacto antenupcial, que neste caso é obrigatório nesse tipo de regime de casamento.

Cumpre informar algumas peculiaridades em relação a esse regime de bens, por exemplo: é vedado o estabelecimento de sociedade empresarial entre cônjuges na comunhão universal de bens. Caso estes pretendam estabelecer uma sociedade empresarial, deverão pleitear a mudança de regime de bens.

Participação final nos aquestos e separação total de bens: trata-se de um regime misto, aplicando-se, na constância do casamento, as regras da separação total, e, quanto à dissolução do casamento, as regras do regime de comunhão parcial de bens.

Assim, para uma melhor compreensão, haverá dois patrimônios, o inicial, o que cada cônjuge possui no início do matrimônio; e o final, aquilo que foi acrescido ou adquirido na constância do casamento, e que será verificado no momento da dissolução do matrimônio, quando se fará a apuração dos aquestos.

Nesse regime, serão apurados todos os bens (aquestos) adquiridos pelo casal, excluindo o patrimônio de cada cônjuge. Assim, cada cônjuge poderá administrar os bens com maior liberdade, pois cada um terá o seu patrimônio distinto.

Ressalta-se que, nesse regime, é obrigatória a elaboração do pacto antenupcial por meio de escritura pública.

Ressalta-se que no **regime de separação total de bens** cada pessoa possui o seu patrimônio particular, não se comunicando as coisas móveis ou imóveis adquiridas, gratuita ou onerosamente, antes ou na constância do vínculo conjugal. Portanto, cada pessoa terá o seu próprio patrimônio, que não será dividido na separação.

Assim como os regimes de separação universal de bens e participação final nos aquestos, o regime de separação total de bens exige, de forma obrigatória, a elaboração do pacto antenupcial por meio de escritura pública.

Separação obrigatória de bens: o próprio nome já diz, imposto pela lei, artigo 1.641 do Código Civil, nestes termos tal é o regime imposto aos cônjuges nas seguintes situações: **a)** nos casos de pessoas que contraírem o casamento com a observância das causas suspensivas (art.1.523 CC); **b)** no caso da pessoa maior de 70 anos; e **c)** nos casos de todas as pessoas que dependerem do suprimento judicial para se casar, como exemplo, pessoas com idade de 16 a 18 anos.

Recentemente, em 1º de fevereiro de 2024, tivemos a alteração sobre o **regime de separação obrigatória de bens** imposto pelo artigo 1.641 do Código Civil, que decidiu, por unanimidade, Recurso Especial nº 1.309.642 (tema 1.236), que o regime obrigatório de separação de bens nos casamentos de pessoas maiores de 70 anos poderá ser alterado mediante a vontade das partes.

CAPÍTULO 3

O reconhecimento da paternidade e suas consequências jurídicas

O reconhecimento de filhos, previsto no Código Civil, refere-se aos filhos havidos fora do casamento. O reconhecimento, também denominado como perfilhação, é o ato pelo qual alguém declara a sua condição de pai. Com consequência do reconhecimento da paternidade, o nome do pai constará no assento de registro civil.

O reconhecimento de paternidade poderá ser feito de forma voluntária, quando o suposto pai reconhece por mera liberalidade a paternidade do filho, ou de forma judicial, quando a sentença declara a paternidade do filho, visto o resultado de exame de DNA ser positivo.

O reconhecimento é do interesse direto dos filhos e das famílias e é um direito da sociedade em um todo, haja vista a ausência da paternidade implicar a regularização do registro civil, além do exercício dos direitos e deveres decorrentes da filiação.

Assumir a paternidade do filho constitui imperativo à ordem moral e dever jurídico, configurando um direito personalíssimo, não podendo ser negado a qualquer fundamento. Não sendo esse reconhecimento feito de forma espontânea, caberá ao filho, quando menor de idade, representado pela mãe, o ajuizamento da ação de investigação de paternidade.

Com o reconhecimento da paternidade, o filho passa a ter iguais direitos e deveres aos seus irmãos; e como se registrado fora logo ao nascer, tais efeitos, decorrentes da filiação, são de ordem patrimonial e moral.

Sendo menor o filho, o progenitor passará a exercer o poder familiar, poder de guarda ou direito de visitas, além de assumir o dever de assistência, que é recíproco entre os pais e os filhos, pois passou a ser um herdeiro potencial, em conformidade com o direito das sucessões.

O ato de reconhecer a paternidade é irrevogável, conforme preceitua o artigo 1.610 do Código Civil, a saber:

> **Art. 1.610.** O reconhecimento não pode ser revogado, nem mesmo quando feito em testamento.

De acordo com o entendimento do Superior Tribunal de Justiça (STJ), o reconhecimento de paternidade pelo pai que sabe que não possui vínculo biológico com uma criança, não poderá, posterior a um arrependimento, ser objeto de Ação Anulatória de Paternidade; a não ser que haja uma caracterização de vício de consentimento, assim como erro ou coação.

Assim, o reconhecimento de paternidade é o ato de assumir os deveres de realização dos direitos fundamentais da pessoa em formação, direitos inerentes à saúde, alimentação, educação entre outros, assim deveres de caráter patrimonial e pessoal.

Agora, talvez você nunca tenha ouvido falar, mas é importante mencionar ela aqui, pois temos o reconhecimento da paternidade socioafetiva. E o que é o reconhecimento dessa paternidade?

A paternidade socioafetiva surge com a existência de um relacionamento afetivo estável, que é exteriorizado socialmente. A filiação decorre do carinho entre pai e filho, sem que haja vínculo biológico. O reconhecimento de paternidade socioafetiva possui os mesmos efeitos jurídicos decorrentes do reconhecimento da paternidade biológica, pois prevalecem entre pai e filho os deveres e obrigações decorrentes da lei.

Portanto, o reconhecimento de paternidade, seja biológica ou socioafetiva, é um ato de assumir deveres e obrigações fundamentais inerentes à saúde, alimentação, criação e educação dos filhos, assim como deveres de caráter patrimonial e pessoal.

CAPÍTULO 4

Aumento, redução ou exoneração de pensão alimentícia.

Quando posso requerer?

Os alimentos consistem numa prestação periódica decorrente do vínculo familiar com o objetivo de prover as necessidades vitais básicas do alimentado, podendo pleitear pelos alimentos os parentes, os cônjuges e os companheiros. Enquanto os filhos se encontram sob o poder familiar, aos pais cumpre o dever elementar de prover o seu sustento.

Existem duas condições literalmente necessárias à relação alimentar, são elas a necessidade de quem pleiteia os alimentos e a possibilidade de quem irá arcar com os alimentos. Trata-se do binômio necessidade e possibilidade, pois o direito aos alimentos não é perpétuo, pois está condicionado ao binômio necessidade de quem pleiteia, *versus* a possibilidade de quem irá arcar com os alimentos.

A relação alimentar é mutável, ou seja, a qualquer momento poderá ser revista. Ocorrendo mudança significativa na situação financeira de quem efetua o pagamento dos alimentos, será cabível o ajuizamento de ação revisional de alimentos. Os alimentos poderão ser reduzidos ou aumentados, à luz de fatos novos e em outro processo, conforme preceitua o artigo 1.699 do Código Civil, a saber:

> **Art. 1.699**. Se, fixados os alimentos, sobrevier mudança na situação financeira de quem os supre, ou na de quem os recebe, poderá o interessado reclamar ao juiz, conforme as circunstâncias, exoneração, redução ou majoração do encargo.

O artigo 1.710 do Código Civil estabelece que as prestações alimentícias de qualquer natureza serão atualizadas segundo índice oficial regularmente estabelecido, no entanto, a regra geral é sobre o critério do percentual sobre os ganhos líquidos do alimentante, efetuando-se o desconto em folha de pagamento, incidindo sobre as verbas de natureza salarial (décimo terceiro salário, férias, horas extras, comissões, PLR, exceto FGTS, abono de férias, vale refeição e vale transporte. No entanto, quando se trata de profissional autônomo, os valores serão pré-fixados em sentença ou audiência, podendo ser revisto a qualquer momento, atentando-se ao binômio necessidade e possibilidade.

A **redução dos alimentos** poderá ser pleiteada quando ocorrer uma mudança significativa e verificado que o alimentante não poderá mais suportar a prestação dos alimentos, devido a desemprego, dificuldade financeira, problema de saúde, ou outros fatores que serão analisados no caso concreto.

A **majoração dos alimentos** poderá ser pleiteada quando verificado que há indícios de mudança significativa, para melhor, na situação financeira do alimentante, e quando os alimentos pagos ao alimentado não suportarem os custos que este efetivamente possui.

Verificado o binômio, necessidade de quem recebe alimentos e possibilidade de quem efetua o pagamento para melhor, caberá ao alimentado o ônus de provar que o alimentante poderá arcá-lo, sem contar que poderá ser solicitado ao judiciário pesquisa de bens que poderão averiguar a mudança de estado financeiro do alimentante.

A **exoneração dos alimentos** é cabível quando a pessoa que recebe alimentos possui condições de se manter com rendimentos próprios, ou seja, quando o recebedor dos alimentos atingiu a independência financeira. No entanto, caso o alimentante possua razão para se desobrigar do pagamento, haverá de requerer em juízo, expondo os motivos e desenvolvendo prova do alegado, conforme exposto na súmula 358 do STJ (Superior Tribunal de Justiça). Vejamos:

> "Súmula 358 do STJ: O cancelamento de pensão alimentícia de filho que atingiu a maioridade está sujeito à decisão judicial, mediante contraditório, ainda que nos próprios autos."

Portanto, quando falamos de pensão alimentícia, é necessário sempre analisar a necessidade de quem irá pleitear os alimentos *versus* a possibilidade de quem irá pagá-los, lembrando que a prova documental é muito importante quando falamos de alimentos, sem contar a observância dos princípios da razoabilidade e proporcionalidade que o caso concreto exige, além de observar o princípio da dignidade da pessoa humana e princípio do mínimo existencial, assegurando à criança e ao adolescente uma vida digna com saúde, educação e alimentação, dentro dos parâmetros dos direitos fundamentais e sociais, que são direitos constitucionais garantidos a cada indivíduo.

CAPÍTULO 5

Desemprego e pagamento de pensão alimentícia, e agora?

A questão do desemprego infelizmente pode acontecer com qualquer pessoa, e é uma situação normal. As contas começam a se acumular e tirar o sono de muitas pessoas. Começam a acumular as dívidas pessoais, os gastos financeiros e as contas básicas para a própria manutenção. Não menos importante é a obrigatoriedade de efetuar o pagamento da pensão alimentícia.

A maior preocupação daqueles que perdem o emprego, sem dúvida, é a incerteza de quanto tempo levará para retornar ao mercado de trabalho. E é a partir dessa preocupação que se começa a palavra de ordem sobrevivência pelas despesas essenciais, o que leva muitos a cortarem ou reduzirem gastos não essenciais, e a ficarem somente com os gastos que são realmente importantes, tais como água, telefone, alimentação, energia elétrica, entre outros.

Pois bem, ocorre que a questão da obrigatoriedade de efetuar o pagamento da pensão alimentícia não é um gasto que poderá ser eliminado. O pagamento da pensão alimentícia a um menor é tão importante que já é definido judicialmente ou acordado entre seus genitores.

Sabemos que os alimentos são o meio de sobrevivência que garante a subsistência básica de uma criança, portanto o fato de o pai estar desempregado não o isentará de efetuar o pagamento da pensão alimentícia.

Outrossim, a própria legislação é bem clara quanto à possibilidade de se rever os alimentos a qualquer tempo, se houver modificação na situação financeira das partes, conforme preceitua o artigo 1.699 do Código Civil. Vejamos:

> **Art. 1.699** – Se, fixados os alimentos, sobrevier mudança na situação financeira de quem os supre, ou na de quem os recebe, poderá o interessado reclamar ao juiz, conforme as circunstâncias, exoneração, redução ou majoração do encargo.

Cumpre informar que a decisão judicial sobre alimentos não transita em julgado e poderá ser revista a qualquer tempo em face de modificação financeira dos interessados, podendo o interessado que pleitear pela mudança reclamar ao judiciário a redução do encargo em relação à pensão alimentícia.

Portanto, sempre que sobrevier uma mudança na situação financeira de quem supre os alimentos, uma redução significativa na capacidade econômica do alimentante, poderá ser pleiteada a redução dos alimentos levando-se em conta o critério da possibilidade dos genitores do menor.

Vale lembrar que o critério que é pautado na Lei dos Alimentos, Lei 5.478/68, é o binômio necessidade do menor e possibilidade dos genitores, daqueles que suprem os alimentos.

Desse modo, é de extrema importância aquele genitor (a) que estiver vivenciando tal situação pedir a revisão da pensão alimentícia paga em razão das suas dificuldades financeiras por um período, até que se restabeleça financeiramente e retorne ao mercado de trabalho.

De outro modo, o que não pode é o genitor(a) alimentante ficar inerte quanto a comunicar ao judiciário sobre a atual situação e ficar inadimplente em relação aos alimentos, o que poderá levar a uma ação de execução de alimentos, ou outras consequências mais gravosas, como a prisão pela inadimplência alimentar.

Sendo assim, não há dúvidas de que a questão dos alimentos poderá ser revista a qualquer tempo, devendo haver uma análise minuciosa do caso concreto, principalmente porque deverá ocorrer o verdadeiro equilíbrio entre a possibilidade do alimentante e a necessidade do alimentado quanto à subsistência necessária de quem recebe os alimentos, para que para ambos se efetivem em decisões justas e razoáveis, priorizando os direitos e garantias fundamentais de alimentante e alimentado.

CAPÍTULO 6

Alienação parental. Prática inaceitável pelo poder judiciário e pelo estatuto de proteção à criança e ao adolescente.

Muito se tem falado sobre a alienação parental, no entanto, na prática, as consequências emocionais na vida da criança e do adolescente podem trazer danos psicológicos que afetam o seu equilíbrio emocional e prejudicam, e muito, o seu desenvolvimento pessoal.

A alienação parental é a manipulação por um dos genitores, o que geralmente mantém a guarda, e que consiste em criar na mente do filho um sentimento de descontentamento ou repulsa com o fim de desconstituir o afeto e amor entre o outro genitor.

Com a alienação parental, um dos genitores começa a falar mal do outro, distorcendo a realidade dos fatos ou mesmo inventando inverdades, muitas vezes em razão de um término de relacionamento conturbado ou divórcio que deixou ambas as partes com muitas mágoas e sentimentos de rancor e ódio.

Não há dúvida de que quem sai mais prejudicado com tal situação é a criança ou adolescente, que, muitas vezes, é punido, sendo impedido por um genitor(a) de ter acesso ao outro genitor. O menor é privado do regime de visitas, levando-o muitas vezes a entender que o seu genitor(a) não quer mais a sua convivência. Acaba que a criança ou adolescente não consegue discernir o que é verdadeiro ou falso.

Infelizmente, de tanto conviver com o genitor manipulador e tendo pouco acesso ao outro genitor, a criança ou o adolescente passa a acreditar que o que é lhe imposto é o correto, tendo em vista que o genitor alienante tenta, a todo preço, criar uma figura negativa do outro genitor, pois esse é o seu maior intuito.

Ocorre que a alienação parental tem consequências danosas à vida da criança ou adolescente, entre elas podem aparecer sintomas de tristeza, ansiedade, medo, depressão, entre outros, no entanto, a alienação parental não é tolerável, bem como é punível pela legislação atual, conforme verificamos na Lei: 12.318/2010, em seu artigo 2º, vejamos:

> **Art. 2º** Considera-se ato de alienação parental a interferência na formação psicológica da criança ou do adolescente promovida ou induzida por um dos genitores, pelos avós ou pelos que tenham a criança ou adolescente sob a sua autoridade, guarda ou vigilância para que repudie o genitor ou que cause prejuízo ao estabelecimento ou à manutenção de vínculos com este.
>
> **Parágrafo único.** São formas exemplificativas de alienação parental, além dos atos assim declarados pelo juiz ou constatados por perícia, praticados diretamente ou com auxílio de terceiros:

I – Realizar campanha de desqualificação da conduta do genitor no exercício da paternidade ou maternidade;
II – Dificultar o exercício da autoridade parental;
III – Dificultar o contato da criança ou adolescente com genitor;
IV – Dificultar o exercício do direito regulamentado de convivência familiar;
V – Omitir deliberadamente ao genitor informações pessoais relevantes sobre a criança ou adolescente, inclusive escolares, médicas e alterações de endereço;
VI – Apresentar falsa denúncia contra o genitor, contra familiares deste ou contra avós, para obstar ou dificultar a convivência deles com a criança ou adolescente;
VII – Mudar o domicílio para local distante, sem justificativa, visando a dificultar a convivência da criança ou adolescente com o outro genitor, com familiares deste ou com avós:

Sabemos o quanto é importante a convivência da criança com os seus genitores, uma convivência regada à harmonia, amor, afeto e compreensão, conforme preceitua o artigo 19 do Estatuto da Criança e do Adolescente (ECA), e quando tal convivência é usurpada em razão da influência de um dos genitores, o caso concreto deverá ser verificado pelo judiciário e poderá ser punido à luz da legislação vigente, Lei: 12.318/2010.

Apesar das discussões e alterações da Lei 12.318/2010, tivemos alterações significativas em relação à matéria alienação parental trazida e publicada pela Lei 14.340/2022, principalmente que modificou e revogou alguns dispositivos sobre o uso inadequado da guarda compartilhada quando houver indícios de qualquer tipo de alienação parental entre os genitores devido ao alto grau de litigiosidade, o qual não beneficiará a criança nem o adolescente.

Por fim, embora não seja tarefa fácil a comprovação da caracterização de alienação parental, se essa ficar caracterizada e comprovada por equipe multidisciplinar (psicólogos e assistentes sociais), tal prática será punida pelo poder judiciário ao genitor alienante, por este infringir os interesses dos menores e a convivência sadia com o outro genitor, devendo o órgão julgador decidir quais serão as sanções diante do caso concreto.

CAPÍTULO 7

Abandono afetivo dos filhos. Entenda as consequências trazidas por esse fato.

Abandono afetivo é uma matéria polêmica que tem sido discutida no direito familiar e vem sendo objeto de várias ações judiciais.

Trata-se da negligência pela falta de suporte emocional evidenciada à criança ou adolescente, pela ausência de afeto e desamor em relação aos filhos.

Conforme preceitua o artigo 226 da Constituição Federal, a família é a base da sociedade, e tem a proteção do Estado, sendo um dos primórdios essenciais que identificam a família o vínculo de afetividade.

A relação de afetividade é uma verdadeira relação jurídica que tem por fundamento garantir o vínculo afetivo que permite à criança ou ao adolescente a realização dos seus direitos fundamentais, quais sejam: a vida, a saúde, a alimentação, a educação, a segurança, a profissionalização, a dignidade, a cultura e o respeito, além do desenvolvimento moral, físico, mental, espiritual e social.

É dever da família garantir à criança ou adolescente os direitos fundamentais quanto ao seu desenvolvimento sadio, no âmbito da afetividade, para que haja um bom desenvolvimento de sua personalidade, pois a criança e o adolescente são titulares de direito decorrente de pessoa em processo de desenvolvimento, conforme preceitua os artigos 19 e seguintes do Estatuto da Criança e Adolescente, (Lei nº 8.069/1990). Vejamos:

> **Art. 19.** É direito da criança e do adolescente ser criado e educado no seio de sua família e, excepcionalmente, em família substituta, assegurada a convivência familiar e comunitária, em ambiente que garanta seu desenvolvimento integral. (Redação dada pela Lei nº 13.257, de 2016).

Por sua vez, o abandono afetivo se concretiza com a ausência de um dos genitores, que deixa uma lacuna de afetividade na vida da criança ou adolescente, que produzindo aspectos relevantes tanto no âmbito social ou moral quanto no desenvolvimento deste.

E muitas vezes o abandono afetivo não se verifica somente pela razão de um divórcio ou separação dos genitores, podendo ser evidenciado por qualquer outra situação, ou situações, como a falta de adaptação, convivência em razão de circunstâncias que o próprio destino impõe na relação familiar, **exemplo: morte de um dos genitores, e o pai ou a mãe da criança acaba deixando para os avós fazer o papel de genitores e se distancia dos filhos, tornando a relação cada vez mais ausente.**

O abandono afetivo pode trazer consequências desastrosas na vida de uma criança ou adolescente, pois podemos considerar que o abandono afetivo não deixa de ser maior que o abandono material, pois esse traz uma lacuna irreparável, que talvez a responsabilização pela indenização poderá não corrigir ou suprir a reparação do dano.

O judiciário brasileiro tem recebido muitos pedidos de reparação civil, quando se trata de abandono afetivo, no entanto, esse é um assunto muito delicado, haja vista não ter o Estado o poder de suplantar a ausência daquele genitor em relação ao filho.

Diante de um caso concreto, é necessário avaliar a extensão do dano, as consequências e as sequelas psíquicas causadas naquele que vivenciou na própria pele as situações de desamor, desamparo, desatenção, sofrimento, humilhação, constrangimento e que trouxeram para a sua vida pessoal consequências de maior complexidade.

De fato, em algumas situações, o judiciário tem atribuído àquele genitor que praticou o abandono afetivo face ao seu filho a aplicação da reparação civil, punindo com o dever de indenizar àquele que sofreu o dano. No entanto, será observado o caso concreto dentro da sua peculiaridade, observando-se os princípios não só da consanguinidade, mas também da afetividade, não somente no âmbito material, mas também no âmbito social, o que poderá atenuar em transtorno sério e relevante daquele que vivenciou na prática o abandono afetivo.

CAPÍTULO 8

Testamento. O que é necessário saber antes de fazê-lo.

Certamente você já ouviu muito falar em testamento, no entanto, acredita que o termo testamento tem sido mais utilizado em capítulos de novelas, em que o advogado apresenta à família do falecido milionário o acervo de bens e quem irá herdá-los.

Ao contrário do que muita gente pensa, testamento não somente foi feito para pessoas ricas e que possuem muitas propriedades, pois, qualquer pessoa, independentemente da quantidade de patrimônio, poderá fazer um testamento, mesmo que possua somente um bem material, exemplo: uma propriedade imóvel.

Pois bem, testamento nada mais é do que um negócio jurídico por meio do qual uma pessoa dispõe de seu patrimônio e faz as disposições de última vontade para depois de sua morte.

O ato de testar é essencialmente unilateral, personalíssimo, e expressa a vontade do testador, no entanto, é um ato que poderá ser revogado a qualquer momento, conforme preceitua o artigo 1.858 do Código Civil. Vejamos:

Art. 1.858. O testamento é ato personalíssimo, podendo ser mudado a qualquer tempo.

Portanto, se o testador se arrepender, poderá revogá-lo a qualquer momento. O testamento é ato solene, e exige algumas formalidades. Para que ele seja considerado como ato válido, deve sujeitar-se e obedecer às formas prescritas em lei, sob pena de o ato de testar ser considerado nulo ou anulável, exemplo: o testador, no momento que elaborou o testamento, seja considerado incapaz de testar.

No Direito Civil, existem três formas de testar: testamento público, cerrado e particular.

Testamento público: é escrito pelo tabelião em seu livro de notas, de acordo com as declarações do testador, na presença de duas testemunhas.

Testamento cerrado: mais conhecido como testamento secreto, pois só o testador conhece o seu teor. Também é necessária a presença de duas testemunhas.

Testamento particular: assinado pelo testador e lido perante três testemunhas. Ressalta-se que se todas as testemunhas falecerem ou não forem encontradas, o testamento particular não será cumprido.

Observe que quem tiver filhos, herdeiros necessários, a legislação permite que o testador disponha de 50% (cinquenta por cento) do seu patrimônio para testar, os outros 50% (cinquenta por cento) serão destinados aos filhos, os chamados herdeiros necessários.

Cumpre ressaltar que no percentual de 50% (cinquenta por cento) do patrimônio que irá testar, poderá beneficiar mais a um filho do que ao outro, sendo que a idade mínima para fazer um testamento é de 16 (dezesseis) anos.

O testamento não deixa de ser uma ferramenta para evitar transtornos futuros, brigas e discussões familiares, no entanto, o testamento não inibe a vontade do inventário.

O testador poderá dispor no testamento cláusulas de incomunicabilidade, inalienabilidade e impenhorabilidade.

Por fim, é cada vez mais comum o uso de testamento quando o assunto diz respeito ao fato de se preocupar com o acervo do patrimônio posterior à morte, à vontade do testador não somente no que diz respeito a bens patrimoniais, como também bens pessoais, tornando o testamento uma ferramenta imprescindível a uma partilha justa, com o objetivo principal de que prevaleça a vontade do testador e os seus atos de disposição de sua última vontade.

CAPÍTULO 9

A importância do inventário e as consequências de não fazê-lo.

A morte de um familiar é um assunto que traz dor e sofrimento a quem está próximo, e quando há a ocorrência do fato, o inventário é um assunto que é a princípio evitado de ser abordado pelos familiares mais próximos, haja vista o estado de fragilidade destes.

No entanto, inventário, no sentido amplo, significa o ato pelo qual uma pessoa assume o lugar de outra, sucedendo, substituindo-a na titularidade de determinados bens, e ocorre no momento da morte, e na sucessão *causa mortis* refere-se à transmissão do patrimônio (ativo e passivo) do *de cujus* (ou autor da herança) aos seus sucessores.

Destaca-se que o inventário poderá ser feito de duas formas, a saber: judicial ou extrajudicial.

A lei nº 11.441/2007, em seu artigo 982, introduziu no ordenamento jurídico a possibilidade de o inventário ser feito de forma extrajudicial, posterior ao código de Processo Civil, a saber:

> **Art. 982.** Havendo testamento ou interessado incapaz, proceder-se-á o inventário judicial; se todos forem capazes e concordes,

poderá fazer-se o inventário e a partilha por escritura pública, a qual constituirá título hábil para o registro imobiliário.

O **inventário extrajudicial,** previsto no artigo 610 do Código de Processo Civil, é feito em cartório e ocorre quando existe a concordância de todos os herdeiros, se todos forem capazes, maiores de 18 anos; caso forem menores de 18 anos, o inventário será feito de forma judicial.

O **inventário judicial**, previsto no artigo 983 do Código de Processo Civil, diz que "havendo testamento ou interessado incapaz", procede-se ao inventário judicial obrigatoriamente ou quando há um desacordo entre os herdeiros, ou mesmo um possível reconhecimento de união estável, o qual poderá levar o processo de inventário a um litígio entre as partes.

Mesmo que o *de cujus*, falecido, não tenha deixado bens, é necessário que os herdeiros obtenham, por intermédio da justiça, uma declaração sobre a morte (**inventário negativo**); em caso de o *de cujus* ter deixado dívidas, certamente os herdeiros poderão ser cobrados. No entanto, os herdeiros somente responderão pelas dívidas até a força da herança.

O inventário deverá ser requerido pelos herdeiros no prazo de 60 dias a contar da abertura da sucessão, sob pena de incorrer em multa sob o imposto ITCMD (Imposto de Transmissão *Causa Mortis* e Doação).

Com a abertura de ação de inventário judicial, o juiz do processo nomeará um inventariante, que prestará conta da administração dos bens do espólio, bens do falecido, *de cujus*, até a conclusão do processo de inventário.

Se o inventário não for realizado, os bens não poderão ser transmitidos oficialmente aos herdeiros, automaticamente a herança poderá ser bloqueada, os herdeiros ficarão impossibilitados de efetuar qualquer transação bancária, levantamento de valores, entre outros atos em nome do *de cujus*, sem contar a necessidade de informar o Estado sobre o falecimento deste, entre outras consequências, como a não efetivação do inventário, a impossibilidade de o cônjuge sobrevivente contrair novo matrimônio e outros atos que certamente trarão prejuízo aos herdeiros.

CAPÍTULO 10

Imóvel ocupado por herdeiro. Como fazer para desocupá-lo quando este é objeto de partilha em inventário.

Uma situação, até bem comum no dia a dia, são o desentendimento e as brigas entre irmãos quando ocorre a morte do genitor(a) e um dos herdeiros permanece no imóvel de forma resistente à desocupação.

Quando um bem é objeto de inventário, este será verificado sobre as regras do direito sucessório, e todos os herdeiros exercem o regime de condomínio, uma vez que o imóvel não foi devidamente partilhado.

E o que é o condomínio no direito civil? A herança é considerada um bem indivisível até a realização da devida partilha. Quando há vários proprietários de um bem e quando este é realizado pela aquisição conjunta entre ambos os herdeiros, dá-se o nome de condomínio.

Primeiramente, o bem, objeto de discussão, deverá ser objeto de partilha, posteriormente será nomeado um inventariante, que poderá ser um dos herdeiros e será responsável pela administração do espólio, ou seja, será responsável pela administração dos bens deixados em herança.

Por se tratar de bem indivisível, o herdeiro que está sob a ocupação do imóvel objeto de herança deverá atentar-se às regras relativas ao condomínio, o que está expressamente previsto no artigo 1.791 do Código Civil, vejamos:

> **Art. 1.791.** A herança defere-se como um todo unitário, ainda que vários sejam os herdeiros.
>
> **Parágrafo único.** Até a partilha, o direito dos coerdeiros, quanto à propriedade e posse da herança, será indivisível, e regular-se-á pelas normas relativas ao condomínio.

Cumpre ressaltar que os herdeiros que não estão na posse do imóvel poderão notificar o herdeiro ocupante do imóvel para que este possa, em prazo razoável, desocupá-lo para uma posterior alienação ou venda.

Caso não seja o entendimento do herdeiro que ocupa o imóvel e este optar por não desocupá-lo, os demais poderão acionar o judiciário e ajuizar a Ação de Reintegração de Posse, tendo em vista a posse do herdeiro ocupante do imóvel ter tornado precária, e injusta, configurando-se assim esbulho possessório.

Poderão os herdeiros, em comum acordo, optarem para que o juiz que esteja cuidando do inventário arbitre um valor para a locação do imóvel, devendo tal valor ser descontado a cota parte do valor proporcional ao condomínio de quem está ocupando o imóvel, ou seja, o herdeiro que está na posse do bem.

No entanto, todas as despesas em decorrência do imóvel deverão ser restituídas ao espólio, exemplo: IPTU, caso o inventariante esteja efetuando os pagamentos por mera liberalidade, o possuidor, usufruindo de tal bem, deverá restituir ao inventariante.

De todo modo, no trâmite do processo de inventário, o imóvel somente poderá ser vendido sob a autorização judicial, mesmo que não haja concordância de todas as partes.

Portanto, é totalmente cabível a cobrança de aluguel de um imóvel ocupado por herdeiro que se recusa a desocupá-lo até a conclusão do inventário, o qual será concluído com a extinção do condomínio, ou seja, a divisão do acervo hereditário.

Casos peculiares que deverão encontrar resistência, e que são exceções a esta regra, são propriedades que estão sobre o direito real de habitação, quando este é ocupado por cônjuge sobrevivente que reside no imóvel após o falecimento do outro cônjuge.

Caso o herdeiro que esteja na posse do bem objeto de inventário opte por comprar o imóvel, este terá preferência entre os demais. No entanto, em observação aos casos práticos verificados no dia a dia, entende-se que o melhor caminho para evitar maiores desgastes, sem dúvida, é a conciliação entre as partes, tendo em vista a demora das ações judiciais que envolvem conflitos relacionados ao âmbito familiar.

CAPÍTULO 11

Regime de separação total de bens e os efeitos no Direito Sucessório.

Quando o assunto é o regime de bens, às vésperas de um casamento não é nada incomum surgirem dúvidas e qual a escolha mais correta.

O presente texto não irá discutir as várias espécies de regime de bens. Sabemos que o nosso Código Civil optou por disciplinar quatro modelos de regimes matrimoniais, dentre eles: **a) o regime de comunhão parcial de bens**, **b) o regime de comunhão universal de bens**, **c) a participação final nos aquestos** e por fim **d) o regime de separação total de bens**, lembrando que se os noivos não escolherem qual regime irão aderir, o que prevalecerá, de acordo com o Código Civil, é o regime de comunhão parcial de bens.

Nesse momento de muita emoção, preparativos de casamentos, mudanças de vida, dentre outros assuntos relacionados à preparação do casamento, é importante mencionar que o melhor caminho é saber separar o lado racional do emocional, ou seja, é necessário que o casal identifique o regime que se adapta ao seu planejamento financeiro e o que entendam ser o melhor para o perfil e escolha deste casal.

Independentemente do regime a escolher, é bom lembrar que cada um deles terá as suas consequências jurídicas, dentro de suas peculiaridades. O casal deve procurar entender cada regime de forma minuciosa, até para que tenha a certeza de que fez a escolha correta. Isso não quer dizer que a situação não poderá ser revertida em um momento futuro, é claro, se as duas partes estiverem de acordo.

Pois bem, vamos falar um pouco de **regime de separação total de bens**, que é o tema do presente texto. Dentre as peculiaridades desse regime, temos: **cada pessoa possui o seu patrimônio particular, não se comunicando as coisas móveis ou imóveis adquiridos, gratuitamente ou onerosamente, antes ou na constância do vínculo conjugal. O patrimônio não será dividido na separação, obrigando-se a quem optar por esse regime a instituir o pacto antenupcial como obrigatório.**

Agora, muitos que optam por esse regime de separação total de bens poderão não entender de forma clara os efeitos que ele trará no direito sucessório.

No entanto, esse regime disporá acerca da incomunicabilidade de bens e o seu modo de administração no curso do casamento.

Assim, **a escolha pelo regime de separação total de bens, com a obrigatoriedade do pacto antenupcial, somente trará efeitos ao casamento e ao divórcio, e não ao direito sucessório**, ou seja, embora as pessoas possam imaginar que com a escolha desse regime estarão livres em futuros litígios caso um dos cônjuges venha a falecer, é bom deixar claro que com a escolha pelo regime de separação total de bens, **o cônjuge sobrevivente concorrerá com os descendentes do falecido no direito sucessório, nos bens particulares deixados por este.**

Cumpre ressaltar que a proteção ao cônjuge sobrevivente está amparada por lei, pois o artigo 1.829, inciso I do Código Civil, assegura ao cônjuge sobrevivente o direito de concorrência com os descendentes do autor da herança quando casados no regime de separação total de bens, isso nos bens particulares; já os bens comuns (meação) deverão ser partilhados entre os descendentes.

Tal entendimento dado pela legislação civilista se perfaz em razão de o cônjuge sobrevivente ser considerado herdeiro necessário.

Caso você esteja lendo este texto, a título de curiosidade e porventura pense um dia pela escolha do regime de separação total de bens discutido aqui, é prudente que saiba que por força do artigo 1.829, I, do Código Civil, se protege o cônjuge sobrevivente em razão de princípios constitucionais, tais como dignidade e proteção humana.

Portanto, se a conclusão final for a opção por tal regime, e ao mesmo tempo queira se valer quanto à proteção patrimonial, já prevendo a possibilidade de um futuro litígio entre herdeiros e cônjuge sobrevivente, saiba que há meios legais que protegem o acervo. O testamento é um deles, dentre outros. Caso contrário, a legislação será aplicada de forma ampla e objetiva, pois casamento e sucessão são coisas distintas, embora as duas estejam interligadas.

CAPÍTULO 12

Previdência privada e divórcio no regime de comunhão parcial de bens. Como fica a partilha dos bens?

Sabemos que, quando o assunto é previdência e aposentadoria no Brasil, o que paira atualmente são incertezas e preocupações, ainda mais com as recentes alterações que regem a previdência social, sistema previdenciário RGPS (Regime Geral da Previdência Social), e muitas pessoas têm optado por aderir a uma previdência privada.

Em nosso país temos dois sistemas de **previdência privada. O sistema de previdência fechado**, regido por fundo de pensão de entidades civis sem fins lucrativos, vinculados a entidades associativas (denominadas instituições), e determinados grupos específicos, com características próprias.

Por outro lado, temos o **sistema de previdência aberta**, denominada aposentadoria complementar. Facultado ao cidadão, independentemente de vínculo profissional ou associativo, e fiscalizado pela Susep (Superintendência de Seguros Privados), assim temos o **VGBL (Vida Gerador de Benefício Livre) e o PGBL (Plano Gerador de Benefício Livre), oferecidos por instituições financeiras e bancos**.

Sabemos que a previdência privada é uma excelente opção para poupança e investimentos futuros, com o objetivo de ter uma aposentadoria tranquila, pagar os estudos dos filhos, ou mesmo para comprar um imóvel. O problema surge quando o divórcio, que não está nos planos de ninguém, atinge um casamento com regime de comunhão parcial de bens. Como é tratado o assunto previdência privada em caso de partilha de bens?

Pois bem, conforme mencionado, existem dois tipos de previdência privada, plano de previdência fechado e plano de previdência aberto.

Cumpre ressaltar que no plano de previdência privada fechado não há a possibilidade de os bens comuns do casal, no regime de comunhão parcial de bens, se comunicarem entre os cônjuges, isto é, não entrariam na partilha quando da separação, em razão de esse tipo de previdência estar incluído no rol do artigo 1.659, VII, do Código de Processo Civil de 2002, a saber:

> Do regime de bens entre os cônjuges
>
> **Art. 1.659.** Excluem-se da comunhão:
>
> **I** – os bens que cada cônjuge possuir ao casar-se, e os que lhe sobrevierem, na constância do casamento, por doação ou sucessão, e os sub-rogados em seu lugar;
> **II** – os bens adquiridos com valores exclusivamente pertencentes a um dos cônjuges em sub-rogação dos bens particulares;
> **III** – as obrigações anteriores ao casamento;
> **IV** – as obrigações provenientes de atos ilícitos, salvo reversão em proveito do casal;
> **V** – os bens de uso pessoal, os livros e instrumentos de profissão;

VI – os proventos do trabalho pessoal de cada cônjuge;
VII – as pensões, meios-soldos, montepios e outras rendas semelhantes.

Ressalta-se que o entendimento em relação à previdência privada fechada se enquadra em conceito de bem personalíssimo, pecúlio, benefício não desfrutado durante a relação, considerando que o cônjuge nem sequer estava aposentado.

No entanto, já na previdência privada aberta, as chamadas aposentadorias complementares, — VGBL (Vida Gerador de Benefício Livre) e PGBL (Plano Gerador de Benefício Livre), — possuem caráter de investimento, aplicação financeira e integralizam ao patrimônio comum do casal, sendo assim comunicáveis ao casamento durante o período da união do casal.

Portanto, em vista da facilidade e das múltiplas possibilidades de resgate a qualquer momento pelo plano de previdência privada aberta, acaba por desnaturar o caráter de benefício personalíssimo do cônjuge, não reconhecendo assim o caráter de pecúlio. Os valores ali aplicados têm características de investimentos comuns, portanto, comunicável a constância do casamento no regime de comunhão parcial de bens e na partilha de bens.

Por fim, **ressalta-se que são plenamente comunicáveis entre os cônjuges na partilha de bens, pelo regime de comunhão parcial de bens, os valores mantidos em planos de previdência complementar abertos, tais como PGBL e VGBL, portanto devendo estes compor o acervo**

da partilha, haja vista o caráter de investimento. Somente excluindo-se o que se tratar de planos de previdência complementar fechados, pois estes, por terem critérios de resgates um tanto mais rígidos, em virtude de equilíbrio financeiro em caso de resgate antecipado de renda capitalizada lesionar beneficiários participantes do fundo, assim como o desequilíbrio de um sistema em um todo.

CAPÍTULO 13

Indignidade e deserdação. Conheça as causas que poderão excluir os herdeiros no direito sucessório.

O direito sucessório permite que pessoas que praticam certos atos sejam consideradas **indignas** de suceder o autor da herança, por essa razão há a possibilidade de ser declarada a sua exclusão.

O herdeiro considerado indigno poderá ser excluído da sucessão por meio de sentença judicial, conforme preceitua o artigo 1.815 do Código Civil.

A partir do momento da abertura da sucessão, o herdeiro indigno recebe o seu quinhão hereditário. Somente através de sentença judicial poderá torná-lo indigno de receber tal herança.

Um caso comum ocorrido no Brasil foi o de Suzane Von Richthofen, condenada pela morte dos pais e através de sentença judicial foi excluída de receber a herança pelo ato da indignidade.

As causas que admitem a indignação no direito sucessório são: **a) homicídio doloso tentado ou consumado, b) crime contra a honra e c) ato contrário à liberdade de testar**, conforme preceitua o artigo 1.814 do Código Civil.

Dentre os efeitos da indignidade, estão: **a exclusão da sucessão; a consideração como morto, para fins de sucessão do ofendido; a proibição da administração dos bens do *de cujus* falecido; a exclusão da sucessão dos bens; a obrigação de restituir os frutos e o direito à indenização das despesas de conservação,** entre outros.

Já a **deserdação** é o ato unilateral pelo qual o testador exclui da sucessão herdeiro necessário, mediante disposição testamentária motivada em uma das causas previstas em lei.

A deserdação exige a concorrência com os seguintes pressupostos: **a) herdeiros necessários, b) testamento válido e c) expressa declaração de causa prevista em lei**. Vejamos:

> **Art. 1.962**. Além das causas mencionadas no art. 1.814, autorizam a deserdação dos descendentes por seus ascendentes.
>
> **I** – ofensa física;
>
> **II** – injúria grave;
>
> **III** – relações ilícitas com a madrasta ou com o padrasto;
>
> **IV** – desamparo do ascendente em alienação mental ou grave enfermidade.

> **Art. 1.963.** Além das causas enumeradas no art. 1.814, autorizam a deserdação dos ascendentes pelos descendentes
>
> **I** – ofensa física;
>
> **II** – injúria grave;
>
> **III** – relações ilícitas com a mulher ou companheira do filho ou a do neto, ou com o marido ou companheiro da filha ou o da neta;

> **IV** – desamparo do filho ou neto com deficiência mental ou grave enfermidade.

E por último, é necessária a propositura da ação ordinária pelo herdeiro instituído no lugar do deserdado, ou aquele que aproveita a deserdação (outros herdeiros legítimos, na ordem legal, inclusive o município, se estes não existirem, para que seja provada a veracidade da causa alegada pelo testador (artigo 1.965), cujo prazo prescricional de ajuizamento da ação se perfaz em quatro anos.

O direito sucessório permite a reabilitação do herdeiro indigno, que consiste no ato do autor da herança, em que conhecendo o fato ensejador da indignidade, perdoe expressamente o herdeiro ou legatário, conforme preceitua o artigo 1.818 do Código Civil. Vejamos:

> **Art. 1.818.** Aquele que incorreu em atos que determinem a exclusão da herança será admitido a suceder, se o ofendido o tiver expressamente reabilitado em testamento, ou em outro ato autêntico.

A exclusão da herança poderá ser revogada caso o ofendido, que é aquele que tiver testado, tiver reabilitado o herdeiro excluído em outro testamento autêntico, portanto, a deserdação poderá não ser necessariamente definitiva, assim como a indignidade. Este herdeiro deserdado poderá ser perdoado, se esta for a vontade do testador, e esta reabilitação tem que ser expressa por testamento válido.

Embora os temas indignidade e deserdação tenham características semelhantes, elas não se confundem. Sabemos que as duas têm o mesmo objetivo, que é excluir o herdeiro do direito sucessório. Todavia, a indignidade decorre da lei. Para que ela seja configurada, não é necessária a participação do testador, agora na deserdação é imprescindível a manifestação de vontade expressa do autor da herança, que é o testador, em que este declara a sua vontade de excluir determinado herdeiro, além da motivação que o levou a tomar determinada decisão.

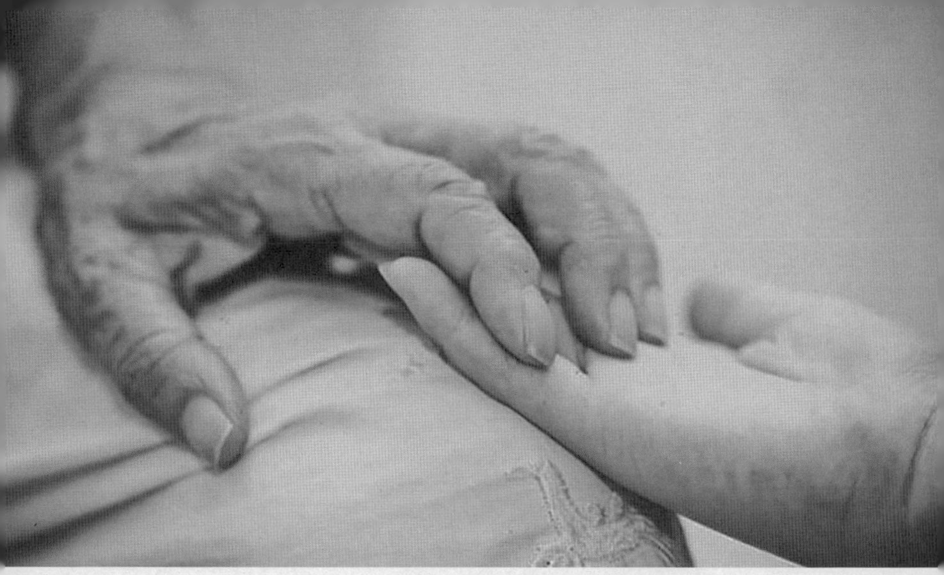

CAPÍTULO 14

Interdição. O que é necessário saber antes de ajuizar uma ação de interdição?

Interditar alguém em muitas das vezes não é uma decisão fácil de ser tomada. No entanto, em determinadas situações a interdição é um ato extremamente necessário para proteger aquele que está incapacitado de praticar ou gerir os atos da vida civil, bem como administrar os bens pessoais.

A ação de interdição protege o maior e incapaz de ficar abandonado à sua própria sorte ou à mercê de terceiros com condutas inescrupulosas voltadas à aplicação da má-fé.

E a partir desse momento, quando verificada a questão do exercício da falta de capacidade e aptidão aos atos da vida civil, necessário se faz o ajuizamento da ação de interdição pelos familiares mais próximos, bem como pelo interesse daquele que se deseja interditar, assim como pela conservação de seu patrimônio.

Pois bem, é aí que surge o exercício da curatela, destinado a amparar pessoas maiores que, em razão de enfermidade mental ou deficiências na saúde, não possuem a menor condição de gerir sua vida e bens ou zelar pelos seus próprios interesses, surgindo, a partir daí, a figura do curador.

A curatela é o encargo deferido por lei a alguém capaz para administrar os bens de quem, em regra, maior, não pode fazê-lo por si mesmo. O instituto curatela se assemelha ao da tutela, que é destinado a menores de dezoito anos de idade, já a curatela é destinada a maiores e incapazes.

A curatela é sempre deferida por um juiz, com o fim de administrar os bens do incapaz, como no caso dos pródigos (aqueles que gastam e dissipam os próprios bens).

Ressalta-se que a curatela tem o caráter de zelar pelos interesses dos incapazes, o que será verificado no processo de interdição, conforme preceitua o artigo 1.177 do Código de Processo Civil. O Ministério Público será ouvido, nos autos da ação de interdição, para defender os interesses dos incapazes, assim como o interditando (a pessoa que será interditada) deverá ser ouvido pelo juiz através de depoimento pessoal, sendo interrogado minuciosamente para que seja possível melhor aferir o estado de saúde e as condições mentais do interditando.

Outrossim, na instrução processual, o juiz nomeará um perito médico para proceder o exame médico do interditando, apresentando os laudos com as reais condições para melhor acolhimento de provas.

Cumpre informar que o curador, que a princípio poderá ser provisório e posteriormente definitivo, está obrigado a prestar contas sobre todos os atos que envolvem a administração de bens do interditando.

Estão sujeitos à curatela, conforme preceitua o artigo 1.767 do Código Civil, a saber:

Art. 1.767. Estão sujeitos à curatela:

I – aqueles que, por causa transitória ou permanente, não puderem exprimir sua vontade;
II – (revogado);
III – os ébrios habituais e os viciados em tóxico;
IV – (revogado);
V – os pródigos.

O instituto da pessoa com deficiência, Lei 13.146/2015, introduziu grandes alterações no instituto da incapacidade civil, da interdição e da curatela.

Anteriormente, os e***nfermos e deficientes mentais*** eram vistos como absolutamente incapazes, pois não possuíam o necessário discernimento para a vida civil.

De modo que foram excluídos os que por deficiência mental ou por enfermidade tenham discernimento reduzido e os excepcionais sem desenvolvimento mental completo e foram mantidos como relativamente incapazes, os pródigos.

Ressalta-se que atualmente os "portadores de deficiências mentais" encontram-se, portanto, englobados nas expressões que "não podem exprimir sua vontade, por causa permanente ou transitória".

Art. 1.768. A interdição deve ser promovida:

I – pelos pais ou tutores;
II – pelo cônjuge, ou por qualquer parente;
III – pelo Ministério Público.

Em algumas situações, a curatela tem característica temporária, perdurando somente enquanto a causa da incapacidade se mantiver (cessada a causa, levanta-se a interdição). Em outras situações, a curatela tem característica permanente, o que poderá gerar uma modalidade de curatela prorrogada ou extensiva, estendendo-se o dever do curador à pessoa e aos bens dos filhos do curatelado.

A sentença de ação de interdição, embora sujeita a recurso de apelação, produz efeitos desde logo. O curador presta compromisso e passa a exercer a curatela, sendo a sentença publicada pelo órgão oficial e registrada no livro do cartório de registro civil da comarca onde for proferida, decretando-se assim a interdição e publicidade a terceiros em relação ao interditando, a inaptidão à prática de atos da vida civil, e a sentença tem caráter declaratório.

Portanto, em vista da complexidade que envolve as causas relacionadas ao interesse dos incapazes, é extremamente necessário que todas as fases da ação de interdição sejam cumpridas de acordo com a legislação vigente por meio de laudos médicos periciais bem como acolhimento de todas as provas necessárias ao deslinde da questão, até para que se tenham conclusões precisas quanto à real necessidade da interdição das pessoas que se encontram nessas situações, observando-se a devida proteção do Estado aos interesses dos incapazes à luz dos princípios da dignidade da pessoa humana.

CAPÍTULO 15

Planejamento patrimonial e sucessório. Conheça as ferramentas de proteção patrimonial que poderão evitar conflitos futuros.

É como diz um famoso provérbio chinês "Todas as lindas flores e os suculentos frutos dependem das sementes plantadas hoje."

Esta frase tem total sentido e está relacionada ao planejamento financeiro, matéria que iremos abordar juntamente com o planejamento sucessório.

Quando falamos em planejamento, logo vem à nossa mente uma meta central a alcançá-la. Trata-se de uma maneira de organizarmos e definirmos os nossos objetivos, direcionando os nossos esforços à realização daquilo que nos trará tranquilidade no futuro. Planejar a vida pessoal, e profissional é tão importante quanto planejar a sucessão patrimonial daqueles que irão herdar o nosso patrimônio.

De modo que, a princípio, soa muito estranho quando abordamos o assunto por meio da palavra sucessão. A chamada sucessão hereditária ou testamentária é um assunto delicado, principalmente porque está relacionada ao falecimento daquele que deixou seus bens, seu patrimônio. Quando não há um devido planejamento patrimonial e sucessório, corre-se grande risco de um patrimônio construído à base de um trabalho árduo ser dilapidado rapidamente, muitas vezes, em razão de conflito familiar dos herdeiros, além de riscos de o patrimônio que será herdado no futuro sofrer penhoras e expropriações e, na pior das hipóteses, a perda total do patrimônio em razão de desentendimentos e falta de habilidade de administrar empresas familiares, o que é muito comum acontecer nos casos concretos.

Outrossim, temos exemplos clássicos de grandes empresas que, quando perdem seu patriarca, os herdeiros não têm as mesmas habilidades de seus genitores para dar seguimento, manter ou multiplicar o patrimônio que já foi construído. O que ocorre é que, geralmente, esses herdeiros não foram educados a serem sucessores empresariais, mas, sim, herdeiros, e por interferências emocionais colocam em risco as necessidades racionais e estratégicas para manter uma empresa e seu patrimônio.

Por que eu tenho que pensar em um planejamento patrimonial e sucessório?

Justamente porque quando não há um planejamento sucessório, e quando ocorre o falecimento do patriarca, todos os bens, direitos e dívidas serão reunidos em uma massa patrimonial chamada de espólio, que será transferido aos herdeiros, sendo tal transmissão ocorrida por meio de um inventário, que poderá ser judicial ou extrajudicial, a depender do caso concreto e da situação. Se este se efetuar por intermédio do judiciário e houver conflito entre os herdeiros, poderá levar anos até a sua conclusão final.

E o que é um planejamento patrimonial e sucessório? Por que devo pensar em utilizá-lo como uma ferramenta futura para proteção patrimonial?

O planejamento patrimonial e sucessório é uma forma antecipada de organização da sucessão de patrimônio que deverá ser planejada com cautela, por meio de ferramentas estratégicas para garantir conforto, segurança e estabilidade aos herdeiros e sucessores.

Essa ferramenta visa evitar conflitos desnecessários, dilapidação de patrimônio, e é uma estratégia bem utilizada para diminuir o imposto de ITCMD — transmissão de *causa mortis*, sendo o seu maior objetivo ser uma ferramenta de planejamento patrimonial e sucessório, de manutenção da paz familiar e a perpetuação das atividades empresariais da família às futuras gerações.

Ressalta-se que o planejamento patrimonial e sucessório não é uma ferramenta que decide somente o direito sucessório, mas também poderá ser utilizado no casamento, na escolha de regime de bens em pactos antenupciais e em processo de separação do casal, devendo ser analisado o caso concreto.

O direito sucessório é assunto complexo e regado de minúcias, mas que certamente o profissional do direito está apto a explicar de forma minuciosa ao seu cliente. Todavia, é importante evitar problemas futuros, principalmente porque o objetivo principal do planejamento sucessório é a proteção patrimonial e familiar.

E quais são as ferramentas que poderão ser utilizadas em um planejamento sucessório e patrimonial?

- **Testamento;**
- **Doações com cláusulas de reservas de usufruto;**
- ***Holdings*;**
- **Previdência privada;**
- **Seguro de vida;**
- **Cláusulas de incomunicabilidade, inalienabilidade, impenhorabilidade e reversão**, dentre outras.

a) Testamento. O testamento é um instrumento de negócio jurídico personalíssimo por meio do qual uma pessoa dispõe de seu patrimônio e faz outras disposições de última vontade para depois de sua morte, que poderá ser revogado a qualquer momento. De modo que no Direito Civil existem três formas de testar: testamento público, testamento cerrado e testamento particular. E quando houver herdeiros necessários, a legislação permite que o testador somente disponha de 50% do seu patrimônio para testar, de modo que o testador também poderá se utilizar de proteção de cláusulas de incomunicabilidade, impenhorabilidade e inalienabilidade.

b) Doações com cláusulas de reserva de usufruto. A doação se compõe pelo espírito da mera liberalidade, é ato voluntário, não podendo o doador extrapolar o limite tolerável pela legislação, excedendo a disponibilidade para sua mantença, de modo que o doador poderá doar aos seus herdeiros necessários com cláusula de reserva de usufruto, existindo várias espécies de doação, tais como doação pura e simples, doação com encargo, doação mista, doação remuneratória, doação condicional, doação com cláusula de inalienabilidade vitalícia, assim como doação com cláusula de reversão, esta com o retorno do bem ao doador, caso ocorra o falecimento do donatário, daquele que recebe a doação.

c) **Holdings.** As *holdings* são empresas, pessoa jurídica, cujo controle do patrimônio está nas mãos de membros da mesma família, com participações societárias. De forma que o patrimônio familiar é administrado e gerenciado por uma sociedade que é composta pelos membros da família, tendo vantagem pela não incidência de imposto de ITBI (Incidência de Transmissão de Bens Imóveis). Essas sociedades são constituídas para explorar o objeto social da atividade financeira, industrial, comercial ou prestação de serviços. Uma das grandes vantagens da *holding* patrimonial refere-se à separação de patrimônio pessoal dos acionistas do patrimônio operacional da sociedade, visando resguardar interesses de herdeiros que estão afastados da gestão operacional da empresa.

d) Previdência privada. A previdência privada é uma ótima ferramenta de planejamento sucessório, pois possui planos flexíveis ao titular do patrimônio por meio da previdência privada aberta, mais conhecidos como PGBL (Plano Gerador de Benefícios Livres) e VGBL (Vida Gerador de Benefícios Livres), e possui natureza securitária, cujas reservas constituídas não são consideradas herança a serem transmitidas aos herdeiros legítimos ou testamentários via inventário, pois, nesse caso, há a indicação de um beneficiário constituído na apólice, podendo esse beneficiário ser herdeiro ou não.

e) Seguro de vida. O seguro de vida é uma ferramenta que proporciona uma segurança a eventos futuros e indesejados — como morte, invalidez ou doença —, dando suporte aos entes queridos, de modo que ele poderá ser utilizado pelo segurado em casos de doenças graves e incapacidade temporária, a depender do que ficar estipulado em cláusula contratual. Todavia o seguro de vida não é considerado herança, não tendo incidência de imposto de renda, assim como não tem natureza tributária de ITCMD, com a constituição de um beneficiário que poderá utilizar o prêmio para cobrir custas com funeral e despesas com inventário, custas judiciais e honorários advocatícios, dentre outras despesas no ato da morte do segurado.

f) Cláusula de incomunicabilidade, impenhorabilidade, inalienabilidade e reversão. São importantes cláusulas restritivas de direito, justamente para a proteção e preservação do patrimônio. A cláusula de inalienabilidade impede a transferência do bem a título gratuito ou oneroso. A cláusula de impenhorabilidade protege o patrimônio do devedor e sua família de penhoras e expropriações judiciais. A cláusula de incomunicabilidade impõe que, qualquer que seja o regime de bens adotado pelo herdeiro no casamento, os bens não venham a se comunicar com o cônjuge. E, por fim, a cláusula de reversão permite que os bens doados voltem ao patrimônio do doador.

Planejamento patrimonial familiar e sucessório é uma ferramenta importante, pois planejar a sucessão dos bens em vida pode prevenir conflitos familiares futuros, principalmente quando há discordância entre herdeiros. Além disso, um bom planejamento patrimonial e sucessório, além de evitar ações judiciais demoradas de inventário, permite tranquilidade na continuação das atividades empresariais familiares, a fim de minimizar conflitos e suas inevitáveis perdas materiais, muito comuns em um cenário de ordem sucessória, prejudicando o trabalho de uma vida inteira e inviabilizando a manutenção do patrimônio para gerações futuras.

CAPÍTULO 16

Testamento vital ou DAV (Diretivas Antecipadas de Vontade), você sabe o que é?

Quando falamos de testamento, é inevitável nos reportarmos para o direito sucessório, certamente porque esse é um negócio jurídico que foi criado para gerar efeitos após a morte.

Todavia, ao contrário do testamento comum, o testamento vital não se confunde com o testamento sucessório, pois este foi criado para atender às disposições do declarante quando este encontra-se vivo, portanto, nomeado como testamento vital, ou também conhecido como Diretivas antecipadas de vontade (DAV).

As DAVs garantem que o indivíduo declare o que quer que seja observado enquanto estiver vivo, mas inconsciente e impossibilitado de tomar as suas próprias decisões. Exemplo: tratamentos médicos a ser seguidos caso este venha a ser acometido por uma doença grave, estado incurável ou mesmo que venha este declarante a ser acometido por doença terminal, podendo por meio do testamento vital ou DAV expressar o seu desejo e vontade real.

O testamento vital já é muito conhecido fora do Brasil, principalmente em países da Europa e nos Estados Unidos.

No entanto, no Brasil, começou a ser mais utilizado a partir do crescimento de casos de Covid-19. Nele, o declarante expressa a sua vontade, caso seja acometido de doenças incuráveis, terminais e estados vegetativos e irreversíveis e que não tenha condições de se manifestar. Nesse mesmo documento, poderá ser nomeado um curador, uma pessoa que ficará responsável pelo declarante para tomar decisões de acordo com a sua expressa vontade, podendo este ser da sua família ou terceiros de sua confiança.

De modo que DAV é um documento público efetuado em cartório por meio de escritura pública declaratória, que valerá o expresso desejo do declarante.

Ressalta-se que no Brasil não há legislação específica que regule o testamento vital. Entretanto, existe a Resolução 1.995/2012 do Conselho Regional de Medicina que prevê dispositivos válidos que autorizam e declaram válida a expressa vontade do declarante, que expressou o seu desejo em momento de boa sanidade mental e com condições de expressar a sua vontade.

A DAV ou testamento vital é utilizada em situações que expressam qual é a vontade do declarante, caso este fique acometido com a impossibilidade de tomar as próprias decisões, tais como: quais tratamentos médicos poderão ser adotados, servindo de garantia àqueles que estejam à frente da tomada de decisões em face do declarante, médicos habilitados ao tratamento terapêutico a ser tomado, etc. Desde que respeitando a dignidade da pessoa humana e o código de ética médica, haja vista que no Brasil não é permitida a eutanásia, que é a facilitação da morte que se dá por meio de técnicas que permitam a ocorrência da morte menos dolorosa ao paciente.

Todavia é permitida a observância aos cuidados paliativos daquele paciente em estado vegetativo e terminal que deixa declaração expressa, por intermédio de DAV, a qual é o seu real desejo, servindo este documento como uma diretiva ao profissional da saúde que cuida deste declarante a um tratamento médico digno que venha a trazer menos sofrimento e mais qualidade de vida.

A DAV não serve apenas para a tomada de decisões relacionadas à saúde do declarante, caso este venha a ser acometido por doença grave ou fique incapaz de gerenciar a sua vida, mas esse documento poderá também expressar o desejo do declarante em questões de administração de bens e patrimônio, decisões que poderão ser tomadas em tais situações de incapacidade de expressar sua vontade, garantindo a esse declarante dignidade, respeito, segurança e autonomia. É um documento que pode ser revogado a qualquer momento, importando a segurança jurídica e decisões pautadas na tranquilidade e harmonia caso tal fato venha a acontecer, e servirá da manifestação expressa de sua vontade diante da família e de terceiros, respeitando o seu direito de personalidade real e vontade declarada expressa.

CAPÍTULO 17

Herança digital: principais aspectos no direito sucessório

Primeiramente, antes de adentrarmos no assunto herança digital propriamente dita, precisamos entender que o universo virtual não se concretizou da noite para o dia. O acesso à internet, ou seja, a criação da primeira página www. aconteceu em 6 de agosto de 1991 pelo cientista da computação Tim Berners, nascido em 8 de junho de 1955, em Londres. Berners é o maior responsável por revolucionar a internet, carinhosamente chamado de pai da internet.

De 1991 para cá, a transformação digital e o avanço da tecnologia se mantêm com o pé no acelerador em razão da necessidade que ocorre no mundo diariamente: a necessidade de transmissão de informações para uma maior quantidade de pessoas e de faixa etária, a criação de softwares inteligentes e a gestão de aplicativos que facilitam o gerenciamento de tarefas e respostas ágeis em um mercado competitivo. No que diz respeito à evolução e revolução, essas significativas mudanças muito dizem respeito ao que estamos conectados à internet, redes sociais, aplicativos, comunicação rápida, afinal, hoje praticamente tudo se resume ao acesso virtual que sempre está na palma da sua mão, ou seja, seu próprio celular.

Outrossim, falar de mundo tecnológico não se limita somente ao acesso às redes sociais – Facebook, Instagram, LinkedIn, WhatsApp, TikTok, Telegram, X (antigo Twitter) e Pinterest – que passaram por importantes inovações, como: o uso de e-mail, criação de conteúdos em *blogs*, bancos digitais, sem contar com o surgimento da moeda virtual, Bitcoin (criptomoedas), Google, iCloud, uso de plataformas de *streaming*, como a Netflix, o Globoplay e outras. Nossa! Não parece pouco. Estamos praticamente mergulhados no acesso virtual e, na presente atualidade, é muito difícil estar longe desta realidade. Ou seja, é praticamente impossível, pois somos dependentes da tecnologia que passa por constantes e inovadoras transformações e que certamente já nos trouxe a uma realidade inevitável, a inteligência artificial.

De modo que a internet e as mudanças rápidas, ocorridas no mundo virtual, não ocorreram na mesma velocidade no universo jurídico e legislativo. Principalmente na legislação brasileira, é notável que as mudanças serão necessárias e já estamos vendo o universo jurídico caminhar para essas novas adaptações.

Pois bem, falar de herança, no aspecto mais simples, diz respeito ao conjunto de bens, direitos e obrigações que uma pessoa falecida deixa para os seus herdeiros e sucessores, agora a herança de bens digitais a princípio parece um tanto confuso entender, todavia não é, se pensarmos que a herança digital diz respeito a duas definições. Vejamos:

1) Herança digital no aspecto patrimonial.

2) Herança digital no aspecto do direito personalíssimo, que diz respeito à intimidade do *de cujus* (daquele que faleceu).

De modo que o acervo digital, tanto o patrimonial quanto o emocional, necessita ter proteção jurídica.

No acervo patrimonial e financeiro, estão: moedas virtuais, milhas de cartão de crédito, créditos em bancos virtuais, músicas, jogos eletrônicos, bibliotecas virtuais, aplicativos pagos e acessos de conteúdos monetizados, gerados em redes como YouTube, TikTok e outras, como é o caso dos *influencers* digitais, que ganham muito dinheiro produzindo as suas postagens e obtendo diversos acessos de seus usuários e seguidores.

No acervo herança digital no aspecto personalíssimo e emocional, estão: acesso ao conteúdo de mensagens do WhatsApp, conteúdo e troca de e-mails, fotos, recordações, ou tudo aquilo que gere um valor sentimental e que diz respeito à intimidade daquele que faleceu.

Vejamos, **será que aquele que morre repentinamente quer que os seus herdeiros tenham acesso ao conteúdo de mensagens íntimas trocadas via WhatsApp?**

Analisamos um caso concreto. Imaginemos a seguinte situação, que pode ocorrer com qualquer pessoa: de repente, uma pessoa sofre um infarto repentino e falece. Os herdeiros conseguem acessar o celular com o desbloqueio de senha pessoal, e obtêm informações e conteúdos íntimos, até mesmo de traição com a esposa, que jamais imaginava que ocorrera. Será que o *de cujus* (aquele que faleceu), sem o direito de expressar sua vontade, gostaria que os seus herdeiros tivessem acesso a determinados tipos de informações? Sabemos que não, até porque tal situação fere a esfera da intimidade do ser humano, direito personalíssimo e protegido pela Constituição Federal como um Direito Fundamental, conforme preceitua o artigo 5º, X, da Constituição Federal de 1988. Vejamos:

> **Art. 5º** Todos são iguais perante a lei, sem distinção de qualquer natureza, garantindo-se aos brasileiros e aos estrangeiros residentes no País a inviolabilidade do direito à vida, à liberdade, à igualdade, à segurança e à propriedade, nos termos seguintes:
>
> **X** – São invioláveis a intimidade, a vida privada, a honra e a imagem das pessoas, assegurado o direito a indenização pelo dano material ou moral decorrente de sua violação;

Ocorre que, atualmente, na legislação brasileira não temos legislação clara que defina a matéria herança digital, apenas prevista em projeto de Lei nº 4.847/2012, artigo 1.797-A, que define herança digital como todo conteúdo intangível (incorpóreo, intocável) do falecido, incluindo senhas, perfis sociais, contas na internet, ou qualquer serviço virtual e digital de titularidade do falecido.

E ainda, no artigo 1.797-B, diz que se o falecido, tendo capacidade para testar, se não o tiver feito, a herança será transmitida aos herdeiros legítimos. Art. 1.797-C. **Cabe ao herdeiro: definir o destino das contas do falecido: a) transformá-las em memorial, deixando o acesso restrito a amigos confirmados e mantendo apenas o conteúdo principal; b) apagar todos os dados do usuário; c) remover a conta do antigo usuário.**

Cumpre informar que esta é uma informação de grande valia, até porque muitas pessoas desconhecem tais informações, e empresas como Google, Facebook, Instagram, LinkedIn e X (antigo Twitter) permitem que os seus usuários configurem o seu perfil de acesso nomeando um sucessor para que este esteja legitimado a ter acesso em caso de óbito, quanto à permanência do perfil, sem alteração de conteúdo, para que assim se efetue a sucessão/transmissão do patrimônio digital após o falecimento do *de cujus*. Caso não haja a configuração de nomeação de acesso de sucessor automaticamente, com a notícia do falecimento o acervo digital poderá ser transformado em memorial. Ressalta-se que há um termo de política de uso de rede social: em caso de falecimento, a análise do caso concreto em relação à transmissão sucessória visa a uma análise criteriosa do que diz respeito a direito patrimonial e personalíssimo.

De modo que, por ser matéria que requer significativas alterações e por falta de legislação específica no Brasil, ao contrário de outros países como Alemanha e Espanha, que já possuem entendimento pacificado, a herança digital, quando não expressa de forma clara diante da intenção do *de cujus*, no que diz respeito ao Direito Patrimonial, deverá ser transmitida aos herdeiros nos termos do direito sucessório, aos herdeiros legítimos e testamentários. Já no que diz respeito à privacidade e intimidade do *de cujus*, que possui um valor sentimental, é inevitável a proteção de intimidade e honra das pessoas, como o exemplo prático mencionado. Um falecimento repentino por infarto e a violação e descoberta, praticados pelos herdeiros, de mensagens de WhatsApp, que para aquele que faleceu era sigilo absoluto. Bem complexa a questão.

Outrossim, o judiciário ainda não chegou a um entendimento quanto à divisão do que é herança digital: o **acervo patrimonial e financeiro** e a **herança digital no aspecto personalíssimo e emocional**. Até porque, venhamos e convenhamos, as próprias redes sociais possuem aplicativos de mensagens internas, como Direct (Instagram) e Messenger (Facebook) que dizem respeito à privacidade e intimidade do usuário da rede, que muitas das vezes não quer que seja transmitida aos herdeiros, assim como acesso a e-mails e arquivos em drives.

Portanto, falar em herança digital é matéria complexa. Assuntos como recolhimento de impostos de transmissão de acervo digital ainda não estão muito bem definidos pelo judiciário brasileiro, que se utiliza de parâmetros como valores de mercado, entrada de ativos financeiros e imposto de renda do *de cujus* nos últimos anos de vida. Já no que diz respeito a moedas digitais, a matéria é ainda mais complexa, pois caso o usuário *de cujus* não deixe a chave de acesso ao seu sucessor, o encerramento do acesso após a comunicação do óbito é praticamente inevitável. E nem mesmo decisões judiciais têm conseguido reverter a caracterização de violação do direito personalíssimo, negando acesso do herdeiro ao acervo digital, que neste caso é patrimonial.

Sendo assim, não há como negar a nossa dependência ao acesso virtual e ao mundo digital de hoje, de modo que é inevitável o uso das redes sociais, pessoais e profissionais, plataformas de *streaming* como Netflix e outras, bancos digitais, armazenamento de dados em arquivos em nuvem, etc. Mas ao mesmo tempo deixar de se preocupar com algo que possa ser um legado a ser deixado aos nossos herdeiros, que certamente será de grande valia, seja ele sentimental ou patrimonial, é extremamente importante.

Por fim, é necessário que a legislação brasileira venha a se adequar e criar meios que garantam a celeridade e a evolução de legislações que se adequem ao crescimento e à velocidade do mundo virtual, até para que se evite de levar ao judiciário situações que poderiam ser resolvidas de forma extrajudicial. Não há dúvida de que a matéria exigirá esforços contínuos diante das transformações inevitáveis. Todavia, garantirá aos usuários, que hoje possuem com as empresas digitais contrato de adesão unilateral, que eles estarão protegidos pela segurança jurídica diante das constantes transformações na sociedade e no mundo virtual.

CAPÍTULO 18

Extinção de condomínio. Você sabe o que é?

Certamente, quando a palavra condomínio vem em nossa mente, lembramos de condomínio de edifício, espaço dividido entre vários proprietários que compartilham áreas comuns. No entanto, esse tipo de condomínio é o chamado condomínio edilício. O presente texto discute outra relação de condomínio.

No direito, quando temos um bem indivisível, aquele que pertence a vários proprietários em comum, chamamos de condomínio.

Ressalta-se que é muito comum no direito as pessoas serem proprietárias de bem imóvel em comum, o chamado bem indivisível. Isso ocorre nas seguintes situações: **casamento, herança, sociedade, doação, dentre outras situações**.

Imaginamos o seguinte caso concreto: falece o pai, e este deixa para os seus 4 (quatro) filhos um imóvel de herança, assim cada um é dono de 25% do imóvel.

No entanto, há situações em que nem sempre prevalece a harmonia entre os condôminos sobre a destinação do bem. Quando há situações de desavenças, discórdia e litígios, poderá ocorrer o termo a relação entre as partes por intermédio de ação de divisão/extinção de condomínio. Vejamos:

> **Art. 1.320.** A todo tempo será lícito ao condômino exigir a divisão da coisa comum, respondendo o quinhão de cada um pela sua parte nas despesas da divisão.
>
> 1º Podem os condôminos acordar que fique indivisa a coisa comum por prazo não maior de cinco anos, suscetível de prorrogação ulterior.
>
> 2º Não poderá exceder de cinco anos a indivisão estabelecida pelo doador ou pelo testador.
>
> 3º A requerimento de qualquer interessado e se graves razões o aconselharem, pode o juiz determinar a divisão da coisa comum antes do prazo.

Portanto, em situações em que o bem é indivisível, a própria lei proporciona a dissolução de situação incômoda entre as pessoas que possuem o bem em comum, os chamados comunheiros.

Sem dúvida, o melhor caminho para extinguir uma relação condominial entre as partes é o acordo extrajudicial, sendo este a melhor opção, facultando a cada proprietário receber a proporção que lhe cabe sobre o seu patrimônio. Ocorre que, em determinadas situações, alguns desses proprietários podem dificultar a alienação, causando uma relação de desgaste em que é praticamente impossível discutir a questão na esfera extrajudicial, não havendo outro caminho a não ser se socorrer ao judiciário para resolução do conflito.

No entanto, quando o pleito se socorre da esfera judicial, é necessário o comunheiro ajuizar Ação de Extinção de Condomínio e o próprio juiz da causa irá propor a princípio uma conciliação da coisa indivisível, para que esta seja vendida e apurada na exata proporção a cada condômino. Não sendo possível, poderá ser oferecida a estranho. No entanto, se a venda conciliatória não for possível, esta será forçada pelo juiz da causa.

Sendo assim, não havendo conciliação entre as partes na divisão do bem comum, o juiz determinará a venda judicial em hasta pública (leilão), podendo esta ser alcançada por estranho à relação jurídica. No entanto, o condômino terá preferência sobre a arrematação nas mesmas condições oferecidas ao terceiro estranho.

Todavia, é importante ater-se que quando ocorre a venda forçada do bem, em razão de não haver nenhuma possibilidade de acordo entre as partes, o bem poderá ser arrematado pela metade do valor real, pois a venda em leilão muitas vezes não representa o preço real da venda do bem (valor de avaliação), sem contar que nessas situações as partes terão que arcar com despesas processuais, custas de processos e honorários advocatícios, podendo haver proveito econômico baixo na relação final quanto ao alcance do objeto.

Portanto, quando o assunto é extinção de condomínio, é extremamente necessário analisar se é vantagem ou não a mantença da relação contratual entre os comunheiros. Não sendo essa possível, sempre buscar a resolução do conflito da forma que seja menos onerosa para as partes, até para evitar excesso de desgaste e litígios em relações que muitas vezes são do âmbito familiar.

CAPÍTULO 19

Responsabilidade dos herdeiros no pagamento das dívidas da herança.

Uma dúvida bem comum é o questionamento sobre o pagamento dos débitos do falecido, e até onde irá a responsabilidade dos herdeiros sobre o pagamento dos débitos.

Muitos acabam pensando que com o falecimento extingue-se a obrigação quanto ao pagamento de dívidas pelos herdeiros. Ocorre que não é bem assim, pois existe a responsabilidade pelo pagamento das dívidas.

Quando alguém falece e deixa o seu patrimônio aos herdeiros, abre-se a sucessão, e o patrimônio então passa a ser chamado de espólio, este constituído de direitos e obrigações.

Assim, com a abertura da sucessão pelo espólio apura-se o patrimônio do falecido, o qual poderá ser composto de ativos e passivos. Os ativos, os chamados bens que fazem parte da herança e os passivos, os chamados débitos que foram deixados pelo falecido.

Com a abertura da sucessão, após o falecimento, por meio de inventário, os bens serão considerados um condomínio que será dissolvido posteriormente com a partilha de bens a cada herdeiro.

Pois bem, então como fica a questão sobre a responsabilidade dos herdeiros pelo pagamento das dívidas do falecido?

O nosso Código Civil em seu artigo 1.997 é bem claro quando dispõe que a herança responde pelo pagamento das dívidas do falecido.

Ocorre que, somente depois da partilha de bens, cada herdeiro responde pelo pagamento do débito na proporção da parte que lhe cabe na herança.

Em outras palavras, o herdeiro somente responderá pelo pagamento das dívidas deixadas pelo falecido depois da partilha, divisão de bens entre os herdeiros e, ainda, na proporção que lhe cabe a sua parte na herança.

Vamos citar um exemplo clássico: Luiz deixou um patrimônio de 100 mil reais, e este deixou dois filhos, no entanto, com a sucessão cada filho receberá o valor de 50 mil reais.

Ocorre que Luiz também deixou uma dívida de 20 mil reais, e houve o ajuizamento de cobrança após a partilha de bens sobre tal valor somente em face a um dos filhos de Luiz. No entanto, este filho somente poderá responder pelo pagamento da dívida sobre o valor de 10 mil reais e o restante do valor que se perfaz nos 10 mil reais caberá a responsabilidade pelo pagamento pelo outro herdeiro de Luiz.

Portanto, as dívidas deixadas pelo falecido deverão ser pagas pelo espólio (massa patrimonial dos bens deixados pelo falecido), e **assim após a quitação desta, o restante do saldo, se houver, será partilhado aos herdeiros.**

Cumpre ressaltar que o credor do falecido poderá se habilitar em processo de inventário para exigir o pagamento do débito, pois o **espólio é responsável pelo pagamento da dívida até o limite do patrimônio.** Exemplo: se a herança deixada pelo falecido era de 100 mil reais, no entanto existe um débito de 200 mil reais em aberto, quem pagará a diferença desse valor? Na realidade, não haverá pagamento da diferença do valor, pois o espólio não terá como saldá-la, em razão de o pagamento se efetuar até o limite da herança.

De outro modo, as dúvidas são frequentes quanto a dívidas de empréstimo consignado em nome do falecido, contratos de financiamentos, cartões de crédito, dentre outros. Em regra, aconselha-se analisar muito bem todas as cláusulas contratuais, pois poderá haver cláusulas que preveem contratação de seguro por morte, ou exclusão de pagamento em casos de falecimentos. Caso contrário, os bens deixados pelo falecido poderão responder pelo débito, sendo necessário analisar o caso concreto em questão.

Sendo assim, é sempre bom ficar atento quando o assunto é a responsabilidade pelo pagamento de dívidas deixadas pelo falecido e a cobrança que está sendo efetuada em face aos herdeiros, pois sabemos que este é um momento muito delicado. O assunto em específico requer atenção e cuidados, para que não haja nenhum prejuízo quanto à responsabilidade pessoal de cada herdeiro sobre o pagamento de dívidas do falecido.

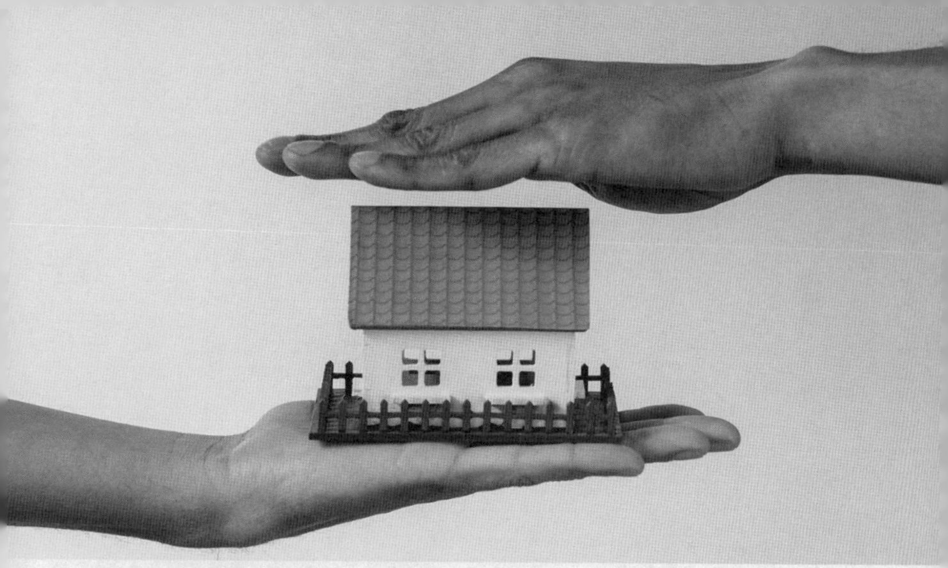

CAPÍTULO 20

Direito real de habitação do cônjuge sobrevivente. Normas de proteção jurídica que asseguram a moradia vitalícia ao cônjuge sobrevivente no imóvel familiar.

No direito civil, o direito real de habitação possui caráter personalíssimo e consiste na faculdade de residir em prédio alheio, não podendo alugá-lo ou emprestá-lo, pois é um direito temporário e extingue-se pelos mesmos modos de extinção de usufruto, conforme preceitua o artigo 1.416 do Código Civil.

> **Art. 1.416.** São aplicáveis à habitação, no que não for contrário à sua natureza, as disposições relativas ao usufruto.

O direito real de habitação é constituído por lei ou por ato de vontade (contrato ou testamento), devendo ser registrado na Lei de Registros Públicos, Lei 6015/73, artigo 167, I, n.7), sendo previsto no artigo 1.831 do Código Civil, vejamos:

> **Art. 1.831.** Ao cônjuge sobrevivente, qualquer que seja o regime de bens, será assegurado, sem prejuízo da participação que lhe caiba na herança, o direito real de habitação relativamente ao imóvel destinado à residência da família, desde que seja o único daquela natureza a inventariar.

O direito real de habitação consiste na possibilidade de o cônjuge sobrevivente permanecer residindo na moradia do casal após o falecimento do seu consorte, independentemente do regime de bens do seu casamento, desde que aquele imóvel seja o único bem de natureza residencial a ser inventariado, podendo esse tempo se constituir de forma vitalícia, mesmo que este cônjuge contraia outro relacionamento.

A continuidade da permanência no imóvel pelo cônjuge sobrevivente deverá ser pleiteada no inventário e, após a autorização judicial pela permanência no imóvel, o direito real de habitação deverá ser averbado na matrícula do imóvel, podendo o cônjuge sobrevivente opor esse direito contra terceiros ou aos próprios herdeiros no inventário.

Ressalta-se que é necessário que o bem que o casal possuía seja o único bem imóvel, não podendo ter outros, pois, caso contrário, não haverá direito real de habitação, pois **o instituto direito real de habitação tem o intuito de impedir que os demais herdeiros/filhos deixem o cônjuge sobrevivente sem moradia.**

Portanto, se ficar comprovado que o cônjuge sobrevivente manteve com o consorte falecido relação duradoura, contínua e com objetivos voltados para a constituição de família, cumprindo os requisitos do artigo 1.723 do Código Civil, quais sejam: convivência pública, contínua e duradoura, com o objetivo de constituição de família, o cônjuge sobrevivente poderá ter o direito real de habitação e, consequentemente, se manter na posse do imóvel de forma vitalícia, tendo em vista a solidariedade de mútua assistência, a dignidade da pessoa humana e o direito constitucional à moradia.

CAPÍTULO 21

Usucapião por abandono de lar. Você já ouviu falar desta modalidade de usucapião?

Antes de adentrarmos no tema usucapião por abandono de lar propriamente dito, entraremos no tema usucapião para entendermos melhor o seu conceito.

Pois bem, usucapião é um modo de aquisição da propriedade mediante a posse prolongada, exercício continuado sobre determinadas condições. Dentre as espécies de usucapião, temos: usucapião extraordinário, usucapião ordinário e usucapião especial urbano, cada um deles com os seus requisitos e peculiaridades.

No entanto, no objeto do presente estudo iremos explanar o tema usucapião por abandono de lar, também conhecido como usucapião familiar, os meios de aquisição da propriedade por essa modalidade de usucapião e suas consequências jurídicas.

O Código Civil foi acrescido do art. 1.240-A, pela Lei 12.424/2011, que instituiu a usucapião por abandono do lar, nos seguintes termos. Vejamos:

> **Art. 1.240-A.** Aquele que exercer, por dois anos ininterruptamente e sem oposição, posse direta, com exclusividade, so-

> bre imóvel urbano de até 250 m^2, cuja propriedade divida com ex-cônjuge ou ex-companheiro que abandonou o lar, utilizando-o para sua moradia ou de sua família, adquirir-lhe-á o domínio integral, desde que não seja proprietário de outro imóvel urbano ou rural. § 1º. O direito previsto no *caput* não será reconhecido ao mesmo possuidor mais de uma vez.

A presente legislação civilista preceitua que aquele que exercer por 2 (dois) anos ininterruptos e sem oposição a posse direita com exclusividade sobre imóvel urbano de até 250 m^2, cuja propriedade divida com o seu ex-cônjuge ou ex-companheiro que abandonou o lar, desde que não seja proprietário de outro imóvel urbano ou rural, poderá pleitear pela aquisição da propriedade pela modalidade usucapião por abandono de lar, ou também conhecida como usucapião familiar.

Além dos requisitos mencionados, nessa modalidade de usucapião, verificamos que é necessário nos atentarmos a algumas peculiaridades exigidas pela Lei 12.424/2011. Vejamos:

> Posse mansa e pacífica durante o prazo da posse de dois anos, não podendo esta posse ser contestada pelo marido ou companheiro que tenha abandonado o lar;
>
> O prazo de 2 dois anos sobre a posse do imóvel;
>
> O requisito de não poder ultrapassar 250 m^2 de área total;
>
> *Animus domini* especial: o possuidor deve agir com ânimo de dono em relação ao imóvel que pretende usucapir.

A usucapião por abandono de lar nada mais é do que a possibilidade de o cônjuge abandonado poder usucapir a meação do imóvel pertencente ao outro cônjuge que abandonou o lar, devendo esta propriedade pertencer a ambos os parceiros conjugais, não podendo a propriedade ser exclusiva ao cônjuge que abandonou o lar. Nesse caso, não poderá pleitear-se por essa modalidade de usucapião.

A sentença que julga como procedente a usucapião familiar por abandono de lar é de natureza declaratória, devendo tal ação ser ajuizada no foro da situação do imóvel, sendo que essa sentença será registrada mediante mandado de averbação no registro de imóveis.

Ressalta-se que para que seja configurada usucapião por abandono de lar é necessário que seja caracterizado o abandono doloso do lar do casal, tendo o cônjuge que optou por abandonar o lar deixado a sua família à sua própria sorte, sem meios de subsistência a uma vida digna, devendo ser criteriosa a instrução processual para que seja caracterizada tal modalidade de aquisição de propriedade.

Portanto, a ação de usucapião por abandono de lar, também conhecida como usucapião familiar, visa à proteção do cônjuge ou companheiro que foi obrigado a assumir os encargos de um bem ou direito a propriedade deste, devendo cada caso concreto ser analisado à luz da sua peculiaridade, devendo o julgador fazer uma análise rigorosa quanto aos requisitos essenciais para que seja configurada tal modalidade de aquisição da propriedade, mesmo que tal imóvel tenha sido adquirido pelo esforço comum de ambos, no entanto garantindo àquele que permaneceu no lar o mínimo existencial, assegurando-lhe os princípios da dignidade da pessoa humana e a devida função social da propriedade.

CAPÍTULO 22

Pagamento de pensão alimentícia ao ex-cônjuge. Até quando se verifica a sua obrigatoriedade?

A relação alimentar é estruturada no binômio necessidade e possibilidade, reconhecido como um princípio básico, estrutural, pois os alimentos são concedidos na proporção da necessidade daqueles que pleiteiam os alimentos, provando o recurso daqueles que possuem a possibilidade de pagarem tais alimentos.

A lei objetivou a possibilidade de requerer os alimentos côngruos, ou seja, ao ex-cônjuge, visando suprir as necessidades de subsistência, preservando assim a sua condição social, sendo necessário a verificação quanto ao princípio da proporcionalidade, pois os alimentos deverão ser fixados na proporção das necessidades de quem reclama, *versus* a possibilidade de quem efetua o pagamento, conforme preceitua o artigo 1.694 do Código Civil, especialmente nas separações judiciais.

Em casos em que os separandos tenham renda própria, é dispensável a fixação dos alimentos, no entanto, se um deles necessitar de recursos e o outro desfrutar a possibilidade de suprir a necessidade do outro, poderá haver a previsão quanto ao pagamento dos alimentos, não importando se essa necessidade vem do homem ou da mulher, haja vista, a igualdade de direito entre ambos nos termos do art. 226, § 5º da Constituição Federal.

Ressalta-se que não se trata de uma constante manutenção econômica e financeira a parte que pleiteia, mas, sim, as manutenções mínimas das condições materiais de quem pleiteia os alimentos, por um tempo razoável a um desenvolvimento pessoal e profissional, a uma possível retomada de carreira, entre outras situações. No entanto, na vida e no direito, é necessário observar os dois lados da moeda, pois não estamos somente falando de pessoas jovens que acabaram de se divorciar e necessitam receber os alimentos do ex-cônjuge até um tempo mínimo de se estabelecerem no mercado de trabalho. Há situações nas quais um término de casamento de anos, em que mulheres abdicam da sua carreira profissional em prol da família, se veem totalmente desamparadas em uma situação de divórcio, não tendo a quem recorrer, a não ser ao seu ex-cônjuge.

Pois bem, atualmente o Superior Tribunal de Justiça (STJ) decidiu que quem não paga pensão alimentícia ao ex-cônjuge pode ser motivo para a prisão.

O referido caso tramita em segredo de justiça. A decisão foi tomada de forma unânime pelos ministros sobre um caso concreto de um homem que devia 63 mil reais à sua ex-esposa. A defesa do devedor impetrou com um *habeas corpus*, que foi negado.

A motivação da decisão se verificou pelo fato de a ex-esposa ter uma idade avançada e sofrer sérios problemas de saúde, não podendo ela ter nenhum êxito sobre a inserção no mercado de trabalho. Os argumentos dos ministros foram que não poderia haver a distinção entre quem irá receber os alimentos (ex-esposa, filho, neto).

Observe que tal decisão poderá servir de base para outros julgamentos, por outro lado, já houve no STJ (Superior Tribunal de Justiça) julgamentos contrários a casos semelhantes.

O fato é que não há efetivamente um prazo determinado para que o ex-cônjuge efetue o pagamento a quem o pleiteia, o que há são entendimentos de tribunais de que mulheres ou homens jovens com boa saúde possuem mais condições de conseguir uma recolocação profissional e inserção no mercado de trabalho, podendo se manter financeiramente, podendo os alimentos ter um caráter provisório, por um período determinado. Já nos casos de pessoas com idades mais avançadas e dificuldades de conseguir uma recolocação profissional, esse prazo pode se estender um pouco mais. Lembrando que serão levados em consideração o caso concreto, questões relacionadas à saúde, situação econômica e, principalmente, o binômio necessidade de quem recebe e a possibilidade de quem paga os alimentos.

CAPÍTULO 23

Violência patrimonial: caso atriz Larissa Manoela

Atualmente, estamos ouvindo falar de forma intensa, pelas mídias sociais, sobre o caso da atriz Larissa Manoela e a questão da violência patrimonial. E o que é a violência patrimonial?

Talvez vocês não saibam, mas essa é uma questão que praticamente pouco se ouvia falar na legislação brasileira, pois infelizmente estamos diante de uma situação que não há uma definição específica em relação ao caso concreto.

O ordenamento jurídico brasileiro determina que sempre que ocorrer uma lacuna, uma omissão ou obscuridade sobre determinado assunto, o julgador não poderá se eximir de julgar, mas ele deverá utilizar-se de analogia, que são os casos parecidos, costumes, jurisprudência, princípios gerais do direito e equidade, pois a justiça é um sistema aberto de valores em constantes mutações.

O caso da atriz de 22 anos Larissa Manoela, que rompe com os pais porque descobre que estes detinham a maior parte do seu patrimônio, construído desde que ela tinha 4 anos de idade, veio à tona e tem causado grandes questionamentos.

A violência patrimonial ocorre quando é gerado um prejuízo financeiro. Perda de bens que têm valor material e sentimental para a vítima, que caracterize a retenção, subtração, destruição parcial ou total de seus objetos, valores, recursos econômicos, dentre outros, que podem ser cometidas pelo familiar próximo, pai, mãe, ou mesmo cônjuge; também é comum verificarmos tal situação contra os idosos, nesse caso, o idoso poderá utilizar o estatuto do idoso em seu benefício. (Lei 10.741/2003).

Quem sofre violência patrimonial poderá se valer da Lei Maria da Penha (Lei 11.340/2006) para ver resguardado o seu direito, além de se socorrer da legislação criminal em face do abusador.

Em relação à proteção patrimonial dos menores de idade, crianças e adolescentes, quanto aos bens conquistados por esses menores, verificamos a ausência de definição específica no ECA, que é o Estatuto da Criança e do Adolescente. Por tal razão, vemos a necessidade de o julgador analisar o caso concreto de forma minuciosa.

Sabemos que especificamente o caso da atriz Larissa Manoela tem gerado uma repercussão nacional muito grande. E por tal razão houve a distribuição, em caráter de urgência, de protocolos de projetos de Lei que têm a intenção de proteger os bens daqueles que sofrem a violência patrimonial para salvaguardar o direito e interesse destes. São esses projetos o PL 3914, PL 3916, PL 3917 e por último o PL 3919, todos no ano de 2023. Esperamos que o caso concreto da atriz Larissa Manoela traga à luz a visão quanto a este assunto de grande relevância sobre o aspecto de proteção patrimonial, no âmbito das relações familiares, dentro da melhor forma possível.

CAPÍTULO 24

Pensão por morte entre viúva e ex-cônjuge do falecido. Será que a viúva é obrigada a dividir a pensão por morte com a ex-cônjuge ou companheira do falecido segurado do INSS?

Quando o assunto é o estabelecimento de pensão por morte de um segurado do INSS, sabemos que é necessário observar as regras básicas para que a concessão do benefício previdenciário seja deferida para a pessoa que está pleiteando o recebimento da pensão por morte de seu familiar falecido, o que deverá atender os seguintes requisitos:

A comprovação da morte do segurado; a demonstração de que o falecido possuía a qualidade de segurado, ou seja, que ele era contribuinte do INSS, seja em caráter CLT, contribuinte facultativo ou contribuinte individual; além da demonstração de que a pessoa que está pleiteando o benefício de pensão por morte dependia financeiramente do segurado falecido.

O artigo 16 da Lei 8.213/91, que é a lei que dispõe sobre os benefícios da previdência social, traz a lista dos familiares que são considerados dependentes previdenciários e podem pedir a pensão por morte. Sendo assim, quem pode pleitear a pensão por morte como dependente são: **1*) os cônjuges*** (marido ou esposa), **2*) os filhos ou enteados, tutelados, companheiros*** e **3*) os pais e irmãos,*** a depender da situação, pois terão que comprovar perante o INSS que dependiam economicamente do segurado falecido.

Agora imagine a seguinte situação: a viúva entra com o pedido de pensão por morte assim que o cônjuge ou companheiro falece e obtêm a concessão e deferimento do benefício previdenciário e, de repente, descobre que o seu benefício está tendo descontos de 50% do valor total, porque outra pessoa pleiteou o mesmo benefício de pensão por morte de seu esposo falecido, só que nesse caso a tal pessoa é a ex-esposa de seu falecido marido. Isso parece até uma situação inusitada, todavia, é bem real e acontece constantemente no INSS.

De modo que, ao consultar a Autarquia Previdenciária INSS, a viúva tem a certeza de que a ex-esposa pleiteou o mesmo benefício previdenciário que o seu, e agora? O que fazer nesse caso? Como o INSS vê e age diante de tais situações?

*A lei previdenciária do Regime Geral da Previdência Social (RGPS) diz que "**O cônjuge divorciado ou separado de fato que recebia pensão de alimentos concorrerá em igualdade de condições com os dependentes do falecido, aqueles mencionados no artigo 16 da Lei 8213/91**, quais sejam cônjuges, filhos, enteados, mãe, pai, irmãos".*

E ainda a legislação previdenciária deixa claro que ***a ex-esposa que recebe pensão alimentícia, concorrerá em igualdade de condições com os demais dependentes do segurado falecido***, ou seja, com a atual esposa ou companheira, filhos e demais dependentes.

Ressalta-se que ***o direito de receber a pensão por morte da ex-cônjuge somente será excluído se ela não conseguir demonstrar a dependência econômica em face ao segurado***

falecido. A decisão judicial com a ordem de pagamento de pensão alimentícia já é prova documental suficiente para que a ex-esposa ou ex-companheira receba a pensão por morte do segurado falecido, de forma rateada com a viúva deste.

Ao contrário da legislação previdenciária, que é o Regime Geral da Previdência Social (RGPS), no Regime Próprio da Previdência Social (RPPS), aquele regime do servidor público e titulares de cargos efetivos da União, Estados e Municípios (ex: servidores públicos, policiais militares, os que estão previstos no artigo 40 da Constituição Federal), entende que a ex-cônjuge até poderá ter o direito de ratear com a viúva e as 2 (duas) compartilharem da pensão por morte do segurado falecido. Ocorre que esse valor será limitado ao que a ex-cônjuge ou ex-companheira recebia na ação judicial que estipulou a pensão alimentícia, vejamos:

> *Apelação – Pensão por morte – Valor do benefício – Limite da pensão alimentícia – Pretensão da autora de reconhecimento do direito ao recebimento do valor integral de pensão por morte instituída por ex-cônjuge – Benefício concedido administrativamente em 2011, no valor de 20%, sobre os proventos do ex-Policial Militar Benedito Gonçalves – Impossibilidade – Ausência de ilegalidade na conduta da SPPREV – Inteligência do art. 150, parágrafo único, da LCE 180/78, com a redação dada pela LCE 1.012/07, que limita o benefício previdenciário ao* ***valor anteriormente recebido a título de pensão Alimentícia –Benefício devido na mesma proporção da pensão alimentícia fixada judicialmente – Sentença mantida*** *– Recurso Improvido (TJ-SP – AC: 10079790820168260625 SP*

> *1007979-08.2016.8.26.0625, Relator: Maurício Fiorito, Data de Julgamento: 27/08/2019, 3ª Câmara de Direito Público, Data de Publicação: 29/08/2019).*

No entanto, conforme verificamos na legislação previdenciária art. 76, § 2º, da Lei 8.213/91, ***o cônjuge separado judicialmente ou de fato que recebia alimentos concorrerá em igualdade de condições com os dependentes do segurado falecido. O benefício será rateado entre todos em partes iguais.***

É certo que se compararmos que o ex-cônjuge, enquanto o segurado falecido estava vivo, pagava a pensão alimentícia num percentual de 15% dos seus rendimentos líquidos e agora, depois de falecido, a sua pensão por morte se transformará em percentual de 50% e terá que ser rateada em igualdade de condições com a viúva e atual cônjuge ou companheira. É um tema complexo de entender, todavia pensão por morte e pensão alimentícia determinada em ação judicial de alimentos são matérias distintas, mas nas duas situações o critério essencial para a concessão do benefício é a dependência econômica em face o falecido, devendo cada caso ser analisado de forma específica, pois não são todos os casos em que a ex-esposa terá direito ao benefício de pensão por morte.

Sendo assim, entende-se que é plenamente possível que ocorra o rateio em partes iguais da pensão por morte com o ex-cônjuge do segurado falecido sim a depender da análise do caso concreto e principalmente dos critérios da dependência financeira e um deles é a sentença judicial quanto ao pagamento dos alimentos que o segurado falecido pagava em vida ao seu ex-cônjuge ou companheira.

CAPÍTULO 25

Divórcio e violência doméstica: Lei Maria da Penha e caminhos legais e jurídicos para pleitear o divórcio sendo vítima de violência doméstica.

Lidar com o término de um relacionamento conjugal é uma das tarefas mais desgastantes no que diz respeito ao aspecto emocional humano. Virar a página sobre algo que foi construído a dois e ao que diz respeito ao compartilhamento de hábitos familiares, relações de afeto e amizade, evolução na construção e criação de filhos, evolução de patrimônio, investimento de tempo e energia, sem dúvida, não é algo fácil, pois estamos diante de um momento em que bate uma série de dúvidas e conflitos que exigem tomada de decisões impactantes.

Agora, quando essa tomada de decisões vem cumulada a uma situação de violência doméstica familiar, como lidar com tal situação?

O divórcio por si só não é uma decisão fácil de tomar, ainda mais porque não estamos falando somente de uma relação de afeto, que fora construída a dois, podendo tal tomada de decisão impactar terceiros como filhos, por exemplo, além de outras situações como patrimoniais, mudanças de hábitos e principalmente de rotinas.

Ocorre que virar a página não é algo simples, todavia há momentos em que a convivência conjugal se torna insustentável, principalmente em razões que envolvem violência doméstica. O melhor a fazer diante da falta de parceria, falta de respeito, falta de expectativas de planos futuros e principalmente os riscos em razão de agressões o quando vítima está exposta e ainda diante da negativa de pedido de divórcio consensual por parte do seu cônjuge ou companheiro, o melhor a fazer é se socorrer ao amparo das medidas de proteção da Lei 11.340/2006, Lei Maria da Penha a qual protege as mulheres vítimas de violência doméstica para que efetue, o pedido de rompimento da sociedade conjugal de uma forma segura e eficaz.

Falar de violência doméstica realmente é algo que parece um tabu. Esse não é um assunto fácil de ser abordado, pois a mulher há muito tempo tem sido alvo de agressões: físicas, verbais, sexuais, psicológicas, além de agressões morais, patrimoniais e financeiras, além dos prejuízos à sua imagem e dignidade. Sem contar que é assustador o número de homicídios e feminicídios aos quais as mulheres estão expostas, números comprovados em pesquisas científicas mundiais.

No mais, não há dúvida de que depois da pandemia de COVID-19 verificou-se a necessária tomada de medidas de proteção para resguardar os direitos das mulheres que sofrem a violência doméstica. A própria Lei 11.340/2006, Lei Maria da Penha, é uma das melhores e mais eficazes medidas de proteção, a qual poderá ser utilizada diante de situação de violência doméstica, principalmente em casos de relacionamentos abusivos, como um meio de pedir ajuda e proteção.

Afinal, ninguém foi mais vítima do que a própria Maria

da Penha Maia Fernandes, vítima de violência doméstica. Maria da Penha ficou paraplégica depois de ser atingida por tiros disparados por seu então esposo Marco Antonio Heredia Viveros, história real, triste e lamentável dessa grande ativista defensora dos direitos das mulheres, o que ensejou a chamada Lei Maria da Penha, Lei nº 11.340/2006.

Pois bem, cumpre informar que, se constatada a situação de vulnerabilidade à qual a mulher estiver exposta, a uma situação de violência doméstica, esta deverá ser atendida por autoridade policial para pedido de medida protetiva de urgência. Ela deverá ser atendida de forma humanizada, respeitosa, em espaço adequado, a fim de evitar a vitimização dessa mulher que já chega à delegacia abalada emocionalmente.

Dentre algumas peculiaridades da Lei Maria da Penha, Lei 11.340/2006 para proteção de direitos das mulheres vítimas de violência doméstica, quando acionada à autoridade policial. Sabemos que em razão do déficit que envolve as questões regionais, não são todas as delegacias que envolvem atendimentos especializados em violência doméstica. Todavia, ao atenderem casos de violência doméstica, as autoridades policiais estão obrigadas a cumprirem alguns protocolos, como:

a) garantir proteção policial, quando necessário, comunicando de imediato ao Ministério Público e ao Poder Judiciário;

b) encaminhar a ofendida ao hospital ou posto de saúde e ao Instituto Médico Legal;

c) fornecer transporte para a ofendida e seus dependentes para abrigo ou local seguro, quando houver risco de vida;

d) se necessário, acompanhar a ofendida para assegurar a retirada de seus pertences do local da ocorrência ou do domicílio familiar;

e) informar à ofendida os direitos a ela conferidos nessa lei e os serviços disponíveis, inclusive os de assistência judiciária para o eventual ajuizamento perante o juízo competente da ação de separação judicial, de divórcio, de anulação de casamento ou de dissolução de união estável;

É importante informar que, quando ocorre a denúncia de **registro de ocorrência de comunicação de crime de violência doméstica contra a mulher,** a autoridade policial deverá de imediato ouvir a vítima "ofendida", lavrar boletim de ocorrência e tomar representação a termo, analisar pedido de medida protetiva, bem como proceder o pedido de exames necessários como **corpo delito,** para comprovar as agressões, **e determinar o afastamento do agressor do lar pela autoridade policial. Toda essa comunicação tem que ser feita dentro do prazo de 24 horas**, conforme preceitua o artigo. 12, II e III, da LMP.

Cumpre informar que são conferidos às mulheres vítimas de crimes de violência doméstica, o **encaminhamento a redes de proteção, como**:

a) **centros especializados de atendimento à mulher;**

b) **casas-abrigo**;

c) **casas de acolhimento provisório;**

d) **Delegacias Especializadas de Atendimento à Mulher (Deams),** unidades especializadas da Polícia Civil para atendimento às mulheres em situação de violência doméstica;

e) **núcleos ou postos de atendimento à mulher nas delegacias comuns**, dentre outras formas de proteção, além de atendimento e acompanhamento psicológico.

Ressalta-se que **atualmente existem vários projetos que viabilizam a proteção de direitos de mulheres que sofrem violência doméstica**, dentre eles estão os projetos "Você não está sozinha", da empresa Uber; e "Ângela", da empresa de cosméticos Avon, uma assistente virtual que funciona como uma **espécie de botão de pânico**, dentre outros.

De modo que, em questões relacionadas ao pedido de divórcio cumulado à violência doméstica, a vítima poderá pleitear o afastamento do cônjuge agressor do lar do casal, se comprovado que a sua presença enseja qualquer tipo de prejuízo irreparável a sua integridade física, psicológica ou moral. Conforme o entendimento da nobre doutrinadora Maria Berenice Dias, que explica que:

> *I) Quando a motivação é* ***violência doméstica****, é possível buscar a aplicação de medida protetiva de afastamento do lar comum (MPM 22);*
>
> *II) Sendo impositiva a fixação de* ***alimentos provisórios,*** *a favor dos filhos dependentes do agressor (ECA 130, parágrafo único), não é preciso mais provas. Havendo alegação de* ***violência doméstica****, o simples* ***registro de ocorrência policial*** *desenca-*

*deia procedimento de medida protetiva de urgência enviada a juízo (LPM, 12 III). Conquanto seja documento unilateral, produzido com as informações prestadas pela vítima, justifica--se a concessão do pedido, em sede de liminar, de afastamento do réu do lar comum" (**in** Manual de Direito das Famílias, 11ª edição, RT, p. 221).*

Sendo assim, sabemos que são vários os problemas que poderão levar ao término de um casamento, dentre eles: expectativas exageradas, dificuldades em aceitar a individualidade do outro, aceitação de privacidade do outro, infidelidade, relações extraconjugais, problemas financeiros, diferenças irreconciliáveis, falta de comunicação e desgastes naturais na relação conjugal. Seja lá o que for que tenha agravado o relacionamento do casal, se não há outra alternativa, se o excesso e o limite chegam ao nível de agressão física, verbal, moral ou psicológica, o ideal é procurar o auxílio profissional para obter a melhor orientação, e, seja dada de forma imediata, até para que a vítima de violência doméstica não esteja à mercê de nenhum risco. É o que se espera, pois a proteção e a segurança da mulher são os bens maiores a serem resguardados dentro do princípio da dignidade da pessoa humana.

Biografia da autora

Rose Glace Girardi

Advogada, OAB/SP 334.290 e fundadora do Escritório de Advocacia Rose Glace Girardi.

Formada em Direito pela Universidade Faenac/Anhanguera, no ano de 2012, pós-graduada em várias matérias do direito, dentre elas: Direito do Trabalho, Direito Previdenciário, Direito Imobiliário e Direito Médico e da Saúde pela Faculdade Legale.

Advogada atuante em várias áreas do direito: Direito de Família e Sucessões, Direito Civil, Direito do Consumidor, Direito Imobiliário, Direito Previdenciário e Direito do Trabalho, oferecendo aos seus clientes um atendimento de excelência, proporcionando soluções personalizadas e eficazes para cada caso concreto.

Desde 2018, a Dra. Rose Glace Girardi mantém um blog onde compartilha artigos jurídicos de conteúdo relevante e prático. Atualmente, conta com mais de 100 publicações baseadas em situações reais e casos concretos vivenciados em seu escritório, artigos que têm sido amplamente reconhecidos e compartilhados por revistas jurídicas conceituadas, como *Âmbito Jurídico, Direito News*, entre outras, bem como plataforma de conteúdo e conhecimento jurídico Jusbrasil, com artigos jurídicos que contam com mais de 62 mil visualizações.

O Escritório de Advocacia Rose Glace Girardi destaca-se por sua alta qualidade técnica e atendimento personalizado, com muita ética e mantendo comunicação clara com o cliente em cada etapa do processo. Com um processo dinâmico, além de prestar consultoria jurídica, o escritório atua na prevenção de demandas judiciais, sempre proporcionando maior segurança jurídica no mercado, atuando de forma preventiva e contenciosa nas esferas administrativas e judicial, atendendo a clientes pessoas física e jurídica, além de elaboração de pareceres, contratos e defesas processuais, focando nos interesses e direito dos clientes.

Site: https://www.rosegirardi.adv.br/